LOS ANGELES
INSOLITE ET SECRÈTE

Félicien Cassan et Darrow Carson
Photo de couverture : Finn Skagn

ÉDITIONS JONGLEZ

Guides de voyage

Félicien Cassan est un journaliste français installé à Los Angeles depuis 2013. Il a notamment travaillé pour *Le Monde*, *L'Express*, *Slate* et *CANAL+*.

Né en Californie, Darrow Carson a grandi en parcourant le monde avec son père. De retour sur sa terre natale à l'âge adulte, il est devenu guide touristique après de nombreuses années chez Walt Disney Studios. Il partage avec les visiteurs autant que les locaux sa passion pour Los Angeles, ville aux innombrables trésors cachés.

Nous avons pris un immense plaisir à la conception du guide *Los Angeles insolite et secrète* et espérons que, comme nous, vous continuerez grâce à lui à découvrir des aspects insolites, secrets ou encore méconnus de la ville.

Fruit de plus de deux années de travail, cet ouvrage est un guide pratique : tous les sites mentionnés sont accessibles et clairement localisés sur les cartes qui ouvrent chaque chapitre.

Accompagnant certains lieux, des encadrés thématiques mettent en lumière des points d'histoire ou relatent des anecdotes qui permettront de comprendre la ville dans toute sa complexité.

Los Angeles insolite et secrète met également en valeur de nombreux détails visibles dans des lieux que nous fréquentons parfois tous les jours sans les remarquer. Ils sont une invitation à une observation plus attentive du paysage urbain et, de façon plus générale, un moyen pour regarder notre région avec la curiosité et l'attention dont nous faisons souvent preuve en voyage...

Les commentaires sur ce guide et son contenu ainsi que les informations sur des lieux que nous n'évoquons pas ici sont les bienvenus. Ils nous permettront d'enrichir les futures éditions de ce guide.

N'hésitez pas à nous écrire :
• Éditions Jonglez
  25, rue du Maréchal Foch,
  78000 Versailles, France
• par mail : infos@editionsjonglez.com

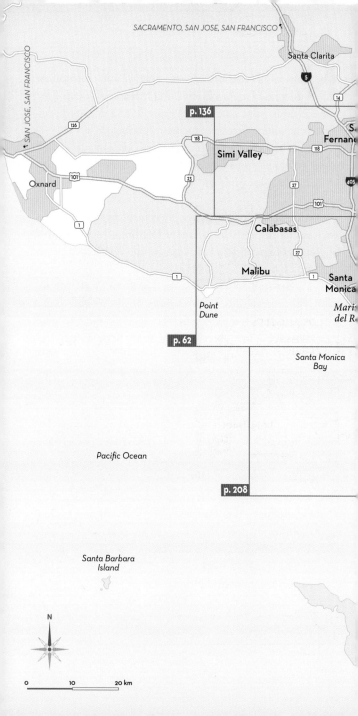

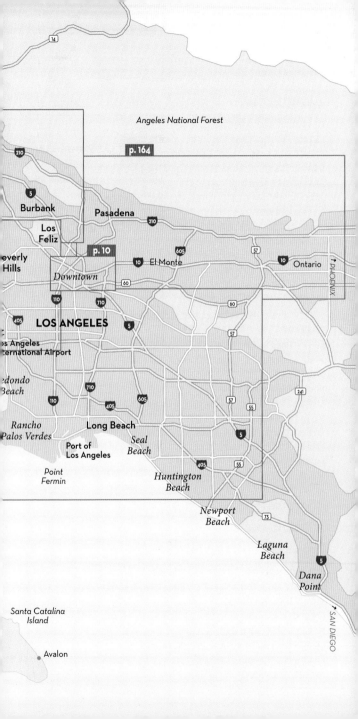

SOMMAIRE

Downtown

De Los Feliz à Malibu

Vallée de San Fernando

SOMMAIRE

Pasadena et l'Est

Los Angeles Sud

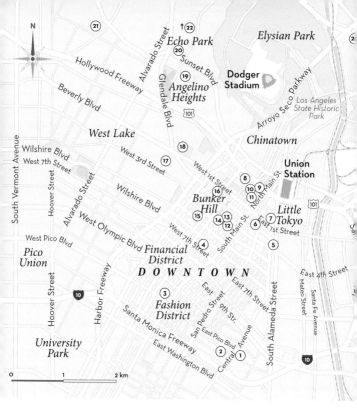

Downtown

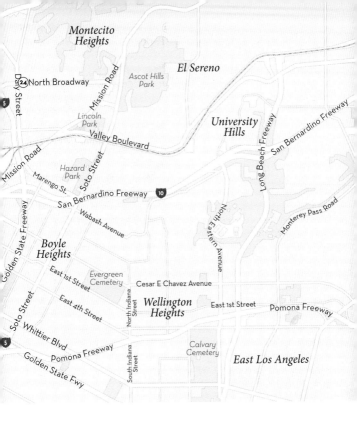

LE « PAQUEBOT » COCA-COLA

*Le vaisseau amiral de la marque de sodas,
bien gardé depuis 1939*

*Coca-Cola Building
1200–1334 South Central Avenue
Visible depuis la rue*

Dessiné par Robert V. Derrah, le Coca-Cola Building, usine d'embouteillage toujours en fonction aussi surveillée qu'une prison fédérale, est un fleuron de l'architecture paquebot (en anglais, *Streamline Moderne*). Situé en face du Musée des pompiers afro-américains (voir page suivante), la structure blanche, rouge et noire est depuis 1939 le vaisseau amiral de la célèbre marque de sodas originaire d'Atlanta, qui possède plusieurs bâtiments dans ce quartier autrement plutôt désert.

Hublots, ponts, écoutilles, rivets, cheminée... tous les éléments d'un authentique navire à vapeur composent ce bijou inattendu, seulement visible depuis la rue aux allures de friche industrielle, où il est très rare que touristes et locaux se rendent...

À noter : il ne faut pas confondre cet étonnant bâtiment avec l'autre « Coca-Cola Building » de *downtown* Los Angeles, à savoir l'ancien siège californien sans âme situé sur 4th Street et Traction Avenue (dans Arts District), et transformé depuis 2017 en centre commercial et immeuble de bureaux. Si son quartier est désormais très animé, avec ses bars et ses restaurants branchés, son apparence est quelconque. Le « paquebot », lui, vaut assurément le détour.

Crossroads of the World

Visites possibles en semaine en téléphonant au +1 323-463-5611

Un autre phare de béton, surmonté cette fois d'un globe terrestre et situé au 6671 Sunset Boulevard, est contemporain du Coca-Cola Building. Et pour cause : il est issu de l'imagination du même architecte, Robert V. Derrah, qui le dessina à la même époque (1936). Considéré à l'époque comme le premier centre commercial à ciel ouvert des États-Unis, l'édifice ressemble lui aussi à un bateau, entouré d'un « village » qui abritait auparavant plusieurs boutiques. Aujourd'hui, l'endroit est occupé par des bureaux privés, mais il est tout de même possible de le visiter durant la semaine. Ce « carrefour du monde », très cinégénique, a même sa réplique grandeur nature à l'entrée de Walt Disney World, en Floride.

LE MUSÉE DES POMPIERS AFRO-AMÉRICAINS

D'authentiques héros, longtemps discriminés

African American Firefighter Museum
1401 South Central Avenue
(+1) 213-744-1730
aaffmuseum.org
Mardi et jeudi de 10 h à 14 h et dimanche de 13 h à 16 h
Il est recommandé d'appeler au préalable pour annoncer sa venue
Entrée gratuite jusqu'à dix personnes ; au-delà, une contribution est demandée

C'est une jolie caserne repeinte en gris, au sud de Downtown, dans un bout de quartier désert et assez peu accueillant. Sur sa façade, deux pompiers dessinés veillent au grain devant un petit canon à eau datant de 1912. La particularité de l'endroit ne sauterait pas tout de suite aux yeux si on ne lisait pas avec attention la plaque accompagnant la fresque mentionnée plus haut : les fiers pompiers en question sont en fait noirs, et cette caserne fut ségréguée de 1924 à 1955 !

Devenue un musée, la caserne numéro 30, classée Monument Historique, retrace aujourd'hui l'avènement des pompiers afro-américains, couvrant aussi bien leurs actes héroïques que les luttes contre les discriminations endurées (de l'isolement physique aux tâches les plus ingrates en passant par l'impossibilité d'obtenir des promotions au cours de leur carrière). Uniformes, véhicules et objets anciens réunis ici, bien qu'intéressants, ne sont pas aussi émouvants que les histoires et les photos traduisant le mal d'une époque.

Un bon exemple : si la caserne 30 se trouvait d'abord à Westlake North, elle fut déplacée « loin des regards » en 1924, lorsque le district scolaire, prévoyant de construire le lycée Belmont, s'est inquiété de l'influence d'une « autorité noire » sur les élèves. Il a fallu attendre 1956, sous l'impulsion d'Arnett Hartsfield Jr (un pionnier, mort en 2014), pour que les casernes 14 et 30 soient rattachées au Los Angeles Fire Department (LAFD), non sans une certaine hostilité.

Si le musée, ouvert en 1997, pensait fêter le centenaire de l'arrivée des premiers Noirs dans les rangs des soldats du feu en 1897, le *Los Angeles Times* a par la suite découvert l'existence de Sam Haskins, qui fut le véritable premier pompier afro-américain de la ville, et ce dès 1888. Seul établissement de ce type aux États-Unis, le musée rend aussi hommage aux pompiers noirs de tout le pays, notamment ceux en poste le 11 septembre 2001 à New York.

L'endroit, très peu fréquenté, a connu récemment quelques difficultés financières : il est donc important de l'honorer d'une visite, en passant de préférence un coup de fil préalable pour être certain d'être reçu le jour J.

Un autre musée des pompiers

Le Los Angeles Fire Department a aussi son musée, situé en plein cœur de Hollywood (LAFD Museum, 1355 North Cahuenga Boulevard), dans l'ancienne caserne numéro 27. Ouvert uniquement le samedi et tenu par d'anciens pompiers désormais guides bénévoles, il est évidemment plus complet en termes d'objets de collection, donnant une vision d'ensemble du fameux service. Mais il n'a toutefois pas le charme secret de la caserne 30.

MUSÉE DES LAMPADAIRES HISTORIQUES

Ils ont donné cette teinte si particulière à la ville

Streetlight Museum
1149 South Broadway
bsl.lacity.org/museum.html
Musée ouvert un jour par mois, visites guidées de 10 h à 10 h 30
Pour effectuer une réservation (obligatoire), envoyez un courriel à
bslmuseum@lacity.org en précisant vos nom, adresse e-mail, numéro de téléphone,
ainsi que la date de votre choix (jours d'ouverture disponibles sur le site web)

Attention, curiosité absolue ! A priori, visiter un musée tenu par le Département des travaux publics ne fait pas rêver. Pourtant, cette minuscule salle d'exposition retrace avec simplicité l'histoire de personnages immobiles très importants de cette ville... les lampadaires.

Ce sont eux qui ont donné à L.A. sa couleur chaude et si particulière, qui oscille entre vert pâle et orange mordoré lorsque tombe le soir, puis vient ce jaune si reconnaissable, une fois la nuit noire installée.

Un scintillement créé par 200 000 ampoules enchâssées dans des poteaux aux styles très différents, qui ont inspiré des générations de cinéastes et fait fantasmer les cinéphiles.

On pense notamment à *Drive* de Nicolas Winding Refn, *Collatéral* de Michael Mann, *Chinatown* de Roman Polanski ou *Mulholland Drive* de David Lynch. Autant de films dans lesquels voitures et âmes errantes circulent en un long flux, happées par les tapis de lumière qu'elles suivent, hagardes, le long des routes de la ville.

Bien que l'éclat vif des ampoules à LED remplace peu à peu les fameux halos rose-orangés de ces vieilles lumières si cinégéniques, on retrouve encore 400 types de lampadaires dans Los Angeles, de l'Art déco le plus travaillé aux versions les plus contemporaines, en passant par ceux inspirés par les lampes à gaz de la fin du XIXe siècle et les réalisations kitsch des années 1980.

Sans prétention ni fioriture, ce Streetlight Museum propose des visites guidées d'une demi-heure, une fois par mois seulement, en offrant une sorte de *best of* de ces lampadaires mythiques, que l'on remarquera ensuite en explorant les rues. Pour parfaire une balade sur le thème de la lumière, n'oubliez pas d'aller visiter le Musée du néon à Glendale (voir page 146).

De joyeuses petites sculptures sur les poteaux téléphoniques

2200 Palms Boulevard, Venice

Dans votre quête du lampadaire parfait (après avoir visité le musée dédié), si vous avez l'occasion de conduire entre Culver City et Venice Beach, empruntez Palms Boulevard, ralentissez et levez la tête. Au niveau du numéro 2200, une douzaine de petites sculptures en métal, très colorées, vous ouvrent le passage. Une guitare, un coq, une cloche, un robot skateur, d'amicaux insectes... autant de figures joyeuses qui accueillent le visiteur dans le quartier avec d'aimables messages de paix.

RÉPLIQUES ET HOMMAGES À LA STATUE DE LA LIBERTÉ

*Des copies (plus ou moins conformes)
et un immeuble pour Lady Liberty*

*Lady Liberty Building : 823 Los Angeles Street, Downtown
Saint-Vincent Court : entre Broadway et Hill, sur la 7ᵉ rue, Downtown
LACMA : 5905 Wilshire Blvd, quartier Mid-Wilshire
Mairie d'El Monte : 11333 Valley Blvd, El Monte*

À travers le globe, les copies et répliques de *La Liberté éclairant le monde*, plus connue sous le nom de statue de la Liberté (*Statue of Liberty*), rendent hommage à ce symbole cher au multiculturalisme étatsunien, et indirectement à l'œuvre d'Auguste Bartholdi, sculpteur français à l'origine de ce monument porteur d'espoir, dont la structure intérieure fut dessinée par Gustave Eiffel.

De la Chine au Mexique, du Japon à l'Argentine, rares sont les pays qui n'ont pas acquis leur morceau de liberté, bien qu'il atteigne rarement les monumentaux 93 mètres de l'édifice original, offert par la France aux États-Unis et trônant fièrement sur Liberty Island à New York depuis 1886 (25 millions de visiteurs chaque année). Le Smithsonian, organisme de recherche et de conservation qui gère les musées de Washington D.C., affirme qu'Auguste Bartholdi se serait inspiré d'une paysanne égyptienne rencontrée lors d'un voyage pour sculpter Lady Liberty.

Los Angeles n'échappe pas à la règle et abrite elle aussi au moins trois petites statues, dont une réplique sculptée par l'artiste lui-même, en plus d'une façade entière dédiée à son symbole, le Lady Liberty Building. La façade de cet immeuble de 1914 fut ornée en 1987 d'une mosaïque géante réalisée par Victor di Suvero et Judith Harper (l'œuvre se nomme *Liberty Facing West*), à la demande de propriétaires irano-américains.

À quelques blocs de là, une copie souhaite la bienvenue au visiteur en quête non pas d'un pays-refuge, mais d'un endroit où déjeuner, à Saint Vincent Court. Sur la 7e rue, entre Broadway et Hill, bifurquez à droite dans une impasse qui, si elle fait peur à la nuit tombée (tout ferme après 18 h), abrite pendant la journée un ensemble de restaurants méditerranéens aux terrasses improvisées et aux trompe-l'œil kitsch, sur les terres de la première université de la ville, Saint Vincent. À l'entrée sur la gauche, la statue est immanquable.

Le LACMA (Los Angeles County Museum of Art) détient la seule véritable réplique de la ville, puisqu'une sculpture en bronze de 53 centimètres, signée Bartholdi et intitulée, comme il se doit, *Liberty Enlightening the World*, y est visible par intermittence.

La seule copie de tout le reste de la Californie

La mairie d'El Monte, à 30 kilomètres à l'est de L.A., peut se targuer de posséder la seule copie de tout le reste de la Californie (9 mètres de hauteur, réalisée en fibre de verre), surveillant son entrée, tel un phare.

STATUE DE CHIUNE SUGIHARA

Le Schindler japonais méconnu qui sauva des milliers de juifs

192 S Central Ave
publicartinpublicplaces.info
Métro : Red Line ou Purple Line, arrêt Union Station ou Pershing Square

Alors que la Seconde Guerre mondiale a éclaté en Europe et que des milliers de Juifs sont progressivement envoyés par le régime nazi d'Adolf Hitler dans des camps de concentration et d'extermination, un vice-consul japonais basé à Kaunas, en Lituanie, va délivrer dès 1940 des visas à des milliers de citoyens locaux et polonais promis à une mort certaine, faisant fi des directives émanant de son pays d'origine.

Né en 1900 dans la préfecture de Gifu, au centre du Japon, le diplomate Chiune « Sempo » Sugihara était arrivé l'année précédente en Europe du Nord, notamment pour surveiller les mouvements des troupes allemandes et soviétiques dans le cadre d'une collaboration nippo-polonaise.

Lorsque les familles juives furent clairement menacées (malgré les mensonges du régime, qui les incitait à rester chez elles), Chiune Sugihara et son homologue néerlandais, Jan Zwartendijk, commencèrent à contourner leur hiérarchie respective pour écrire eux-mêmes, à la main, des documents qui ont permis à 6000 individus de circuler en train à travers l'Union soviétique (chose impossible sans visa) pour se rendre au Surinam et au Curaçao (colonies néerlandaises), en passant par le Japon, lors d'un transit de dix jours. De 18 à 20 heures par jour, ils ont multiplié les autorisations de sortie du territoire, produisant en une journée le nombre de visas habituellement délivrés en un mois, parfois sur papier libre avec un simple tampon accompagné d'une signature, le tout dans la plus grande illégalité. Leur geste arrachera des milliers de personnes aux griffes de la mort.

La plupart des réfugiés se sont en fait dirigés, après leur escale japonaise, vers la Chine, l'Australie, l'Amérique du Nord et du Sud, où ils restèrent suffisamment éloignés de la menace nazie durant la guerre. En 1985, Israël honora Sugihara du titre de « Juste parmi les nations » pour son courage et son abnégation, sa carrière ayant naturellement été affectée par cet esprit de rébellion. Il ne sera reconnu par son propre gouvernement qu'après sa mort, en 1986.

La statue de bronze en plein cœur de Little Tokyo qui célèbre l'acte de pure bonté de Chiune Sugihara est aussi discrète que sa vie fut grandiose.

Inaugurée en 2002 par l'un de ses fils, elle montre le consul assis sur un banc, en train de tendre un intriguant document dans le vide, alors  qu'une plaque commémorative, sur une pierre, explique au visiteur curieux les ressorts du geste héroïque de cet « Oskar Schindler japonais ». Coincée entre un Starbucks Coffee et un parking, elle fait face au Japanese Village Plaza et vous risquez de la rater si vous vous situez, en toute logique, du côté de l'entrée. Avant de pénétrer dans le « village » traditionnel, traversez South Central Avenue pour aller saluer la mémoire de ce Juste méconnu.

JARDIN JAPONAIS DE L'HÔTEL HILTON

Un jardin méconnu sur le toit d'un parking

Kyoto Gardens at DoubleTree by Hilton
120 S Los Angeles St
(+1) 213-629-1200
hilton.com/en/doubletree
Toute l'année (fermé lors de certains événements privés)
Métro : Red Line ou Purple Line, arrêt Civic Center/Grand Park Station

Los Angeles abrite un nombre conséquent de jardins japonais, eu égard à la diversité des cultures présentes dans la ville couplée à de nombreux espaces verts, jardins botaniques et autres parcs publics ou privés qui quadrillent ses quartiers. De la luxuriance des jardins de la Huntington Library (à San Marino, près de Pasadena) à la discrétion du jardin Earl Burns Miller (situé sur le campus de l'université Cal State, à Long Beach), en passant par les cascades du South Coast Botanic Garden (Palos Verdes Peninsula) ou la magie du Descanso (sur la commune de La Cañada Flintridge), le zen est partout, certains lieux embrassant même la beauté de la cérémonie du thé, l'architecture des maisons traditionnelles ou encore les jardins secs, faits de rochers, de graviers et de mousse posés sur du sable et entretenus de manière millimétrée.

Près de Little Tokyo, la principale enclave japonaise de L.A., l'hôtel situé au 120 S Los Angeles St ne retient pas forcément l'attention. Caché derrière son hall d'entrée à l'occidentale, un bijou de jardin est pourtant situé sur le toit de son parking, entre les immeubles d'habitation et la tour sans charme de l'hôtel, que rien ne prédisposait à couver une telle merveille.

Ces Kyoto Gardens, que l'agitation de la ville et les sirènes hurlantes ne semblent pas troubler, sont accessibles aux simples visiteurs, bien que d'ordinaire réservés aux clients de l'hôtel ou à de jeunes mariés en quête d'arrière-plan romantique (entre autres réceptions privées).

Le ruisseau et la cascade contrastent magnifiquement avec l'édifice vieillissant, le bassin est un modèle du genre, une arche attend les amoureux, et la vue sur les toits de Downtown est tout simplement inédite. Un bijou.

Réplique d'un ancien jardin tokyoïte du XVIe siècle érigé en l'honneur d'un samouraï nommé Kiyomasa Kato, il est l'étape parfaite avant de se diriger plus au sud vers le véritable quartier japonais, où boutiques colorées et restaurants bruyants se disputent la faveur des touristes.

LE FIGUIER AOYAMA

Cent ans de joies et de peines pour la communauté japonaise

152 North Central Avenue
Métro : Red Line ou Purple Line, arrêt Union Station

À Little Tokyo, situé juste à côté d'une des antennes du musée d'art contemporain MOCA, le figuier Aoyama est un figuier centenaire qui a été classé Monument Historique en 2008 (matricule #920, pour être précis). Ce géant de presque 20 mètres trônait, au commencement de sa vie d'arbuste, à l'entrée de l'un des temples bouddhistes les plus anciens de Los Angeles, Koyasan Daishi Mission. Ce dernier, désormais situé à un bloc de là, est dirigé à partir de 1909 par le révérend Shutai Aoyama, un fermier.

Ce figuier de la baie de Moreton (*Ficus macrophylla*), planté en 1912, a récemment survécu à l'édification d'un parking grâce à l'action de la Société historique de Little Tokyo, que le Bureau du patrimoine a écoutée. Mais c'est loin d'être la seule péripétie qu'il ait connue.

Tragiquement, les mesures d'internement de la communauté japonaise, décidées par le gouvernement américain en 1941 à la suite de l'attaque de Pearl Harbor, mit fin à la vie du temple. L'histoire de cette époque terrible est retranscrite à quelques pas du figuier, au Japanese American National Museum sis sur l'esplanade, ainsi qu'à Manzanar, un camp d'internement californien devenu site historique national sur l'autoroute 395, entre les parcs nationaux de Sequoia et de la Vallée de la Mort.

Dans les années 1950, après avoir pansé leurs blessures tant bien que mal, les Japonais de Los Angeles ont à nouveau pu développer leur influence et leur culture, en ouvrant au temple une école que le puissant figuier a vu prospérer, protégée par l'expansion de Little Tokyo. Symbole des peurs et des espoirs des Nippo-Américains de L.A., « cet arbre a enduré toutes sortes d'épreuves », déclarait Ken Bernstein, chef du Bureau du patrimoine, au *Los Angeles Times* lors de la cérémonie qui a enfin donné au figuier Aoyama un écrin de protection digne de sa stature.

JARDIN D'ENFANTS DE LA CATHÉDRALE OUR LADY OF THE ANGELS

Une arche de Noé pour les plus jeunes

555 W. Temple Street
(+1) 213-680-5200
olacathedral.org
Du lundi au vendredi de 6 h 30 à 18 h, samedi de 9 h à 18 h et dimanche de 7 h à 18 h
Horaires des messes disponibles sur le site Internet
Entrée gratuite
Métro : Red Line et Purple Line, arrêt Union Station

Si les traits anguleux et asymétriques de la cathédrale de Los Angeles (Cathedral of Our Lady of the Angels), inaugurée en 2002, ont fait couler de l'encre dès sa sortie de terre (voir ci-dessous), le jardin d'oliviers attenant, que parsèment des jeux pour enfants en forme d'animaux pris dans une sorte de procession, est à lui seul une incongruité.

Des créatures faites de béton sur une armature d'acier imitent le bronze et représentent des figures bibliques sur lesquelles les plus jeunes sont invités à s'amuser.

Un âne, un singe, un poisson, une ruche, un chameau, un lion... comme autant d'évocations de l'arche de Noé et de certains épisodes du Livre de la Genèse. Au sol, des passages de la Bible guident le visiteur à travers ce dédale qui semble tout droit sorti d'un conte, dont la puissance évocatrice est renforcée par la présence de l'imposante cathédrale.

Plus de 6000 m², l'équivalent d'un immeuble de 11 étages, 68 000 tonnes : les dimensions de la cathédrale de Los Angeles ont de quoi impressionner.

Dessinée par l'architecte espagnol Rafael Moneo, l'édifice postmoderniste a remplacé Sainte-Vivienne, endommagée en 1994 par le tremblement de terre de Northridge. Principal lieu de culte pour les catholiques de la ville, elle est montée sur des tampons en caoutchouc capables d'absorber les secousses sismiques.

Dans l'entrée principale, une statue monumentale de *Our Lady of the Angels* (le nom original de la ville étant El Pueblo de Nuestra Señora la Reina de los Ángeles del Río Porciúncula, soit « Le village de Notre-Dame la reine des anges de la rivière Portiuncula »), réalisée par Robert Graham, accueille le visiteur.

Une fois à l'intérieur, les fenêtres d'albâtre laissent entrer une lumière spectaculaire que des tons beiges prédominants laissent éclater, à peine assombrie par une vingtaine de tapisseries rappelant des fresques italiennes. Décriée à sa sortie de terre, la cathédrale est désormais l'un des phares du renouveau de *downtown* L.A.

LA STATUE D'ABRAHAM LINCOLN TORSE NU ⑨

Quand le 16ᵉ président américain joue les mannequins

« Young Lincoln »
United States Courthouse
350 West 1st Street
(+1) 213-894-1565
cacd.uscourts.gov/locations/first-street-courthouse
Immeuble ouvert du lundi au vendredi de 7 h à 18 h

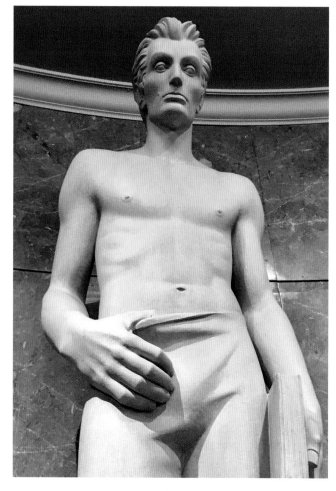

Les statues « modernes » représentant les grands hommes d'État du passé peuvent être solennelles, impressionnantes ou émouvantes, mais elles s'avèrent très rarement… sexy. Après tout, ce n'est pas leur rôle. Installée en 1941 au tribunal fédéral de Los Angeles, cette représentation tout en muscles et abdos saillants d'Abraham Lincoln, la main sur la ceinture du pantalon façon jeune mannequin sûr de lui, étonne donc.

James Lee Hansen, étudiant en art de l'université de Fresno, n'avait que 23 ans lorsqu'il remporta en 1939 un concours de sculpture lancé par le gouvernement. Contre toute attente, l'audace de son *Young Lincoln* fut célébrée à l'époque, notamment par *Time Magazine*, qui décrivit sa statue comme « la plus grande 'success-story' de la sculpture moderne ».

« Du point de vue sculptural, il est en effet préférable de montrer le corps sans vêtements. C'est pour cela que je les ai laissés de côté », expliquait alors Hansen pour justifier son choix pour le moins original. Même si Lincoln demeure à ce jour le plus « grand » président américain (1,93 mètre) et que les photos révèlent un homme plutôt sec, le sculpteur s'était en réalité inspiré de son propre corps, avant d'ajouter la tête de « Abe ». Voilà qui est plus sage.

Aujourd'hui, à la faveur d'un bref regain d'intérêt débuté en 2019 sur les réseaux sociaux, l'œuvre, désormais vue par le prisme déformant de la contemporanéité californienne (surf, mannequins Calvin Klein, revue *Sports Illustrated*…), a hérité d'un nouveau surnom : « Hot Lincoln ». Cependant, convoquer avant-bras musclés et chemises ouvertes pour représenter la rigueur morale et le dur labeur des dirigeants n'est pas une tendance nouvelle. Sans remonter jusqu'à la Grèce antique, où ce type de représentations était courante, à Washington D.C. on peut notamment admirer un George Washington torse nu, sculpté par Horatio Greenough en 1841. Ce ne sera pas une surprise d'apprendre qu'il fit scandale.

Sans doute pour atténuer cette virilité érigée en symbole, Abraham Lincoln porte un épais livre dans les mains. L'honneur de la nation est sauf.

Deux autres « Young Lincoln »

Le corps de Lincoln semble être celui qui a le plus inspiré les artistes du XXe siècle, quand il s'agit de représenter un président « vigoureux » et guidant le peuple. À Edgewater et à New Salem, dans l'Illinois, deux autres « Young Lincoln », l'un sculpté par Charles Keck en 1945 et l'autre par Avard Fairbanks en 1954, le montrent en effet musclé, manches de chemises retroussées et cheveux au vent, et surtout sans barbe.

LE *TRIFORIUM*

Une installation d'art expérimentale de triste mémoire

Fletcher Bowron Square
Temple et Main

Dans l'ombre de l'hôtel de ville, au sommet des allées fantomatiques du Los Angeles Mall, se tient ce qu'il reste du *Triforium*, une installation d'art expérimentale créée par l'artiste Joseph Young en 1975.

Du haut de ses six étages et de ses 60 tonnes, la sculpture « polyphonoptique » visionnaire de Young était alors un mariage inouï de technologie et d'art public – ainsi qu'un échec dantesque qui coûta aux contribuables la bagatelle d'un million de dollars en 1975, et qui végète depuis dans un état de décrépitude toujours plus avancé.

Visant à symboliser l'esprit kaléidoscopique de la ville, Young avait imaginé un ordinateur vintage dont les capteurs traduiraient les mouvements des passants en motifs psychédéliques mêlant son, lumière et musique. Le produit final devait compter 1494 prismes en verre italien soufflé à la main et des ampoules synchronisées avec un gigantesque carillon en verre de 79 notes (le plus grand au monde) programmé pour jouer « absolument tout, de Beethoven aux Bee Gees ».

Inauguré le 12 décembre 1975 par le maire Tom Bradley, le *Triforium* se fera attendre une demi-heure à cause d'un problème électrique de dernière minute – premier accroc d'une longue liste à venir.

Même si Young voyait en son chef-d'œuvre une « pierre de Rosette de l'art et de la technologie », l'opinion publique avait rendu son verdict avant même d'avoir vu le *Triforium*. Dès les premiers instants, cette œuvre fut laminée par la presse et le conseil municipal, bardée de sobriquets comme « le juke-box psychédélique », la « sculpture kitschnétique » ou encore « Trois bréchets en quête d'un dindon de la farce ».

Le carillon n'est plus, la plupart des ampoules à incandescence ont grillé, et malgré des réparations ici et là, ce qui était autrefois une synthèse des ambitions artistiques, civiques et technologiques de L.A. n'est plus qu'un immense pigeonnier.

Pour reprendre les mots du maire : « Cette œuvre nous appartient désormais, et nous allons devoir faire avec. Mieux encore : nous allons devoir apprendre à en être fiers. »

GALERIE DE PORTRAITS DES MAIRES

Les grands hommes du 26ᵉ étage

Los Angeles City Hall
200 N Spring St
(+1) 213-473-3231
lacity.org
Du lundi au vendredi de 8 h à 17 h
Métro : Purple Line ou Red Line, arrêt Civic Center/Grand Park Station

À Los Angeles, les maires se font désirer. Le bâtiment du City Hall (l'Hôtel de ville), située logiquement *downtown*, est déjà suffisamment imposant, mais il faut monter tout en haut de sa tour pour espérer saluer les édiles du passé. Vingt-six étages à gravir, dont quelques-uns à pied, et une fois passée la majestueuse coupole de l'entrée, la voilà : offrant un point de vue unique et méconnu sur la ville, une galerie solennelle, parfaitement silencieuse mais qui en dit pourtant beaucoup sur l'histoire de L.A.

Ce qui frappe en premier, bien sûr, c'est l'évolution de la démographie californienne. Les maires blancs se succèdent, d'Alpheus P. Hodges (1850) à Sam Yorti (1961), semblables à une dynastie WASP, avant que Tom Bradley, le premier maire noir, petit-fils d'esclaves texans, remporte l'élection de 1973.

Son règne, qui demeure le plus long de l'histoire de la ville, durera 20 ans et s'achèvera juste après les émeutes de 1992. Une statue en bronze de son buste orne par ailleurs l'entrée du nouveau terminal international de l'aéroport LAX, qui porte son nom. Il a également ouvert la voie à des hommes de descendance latino-américaine (Antonio Villaraigosa, en 2005, et Eric Garcetti), alors que la population de Los Angeles compte aujourd'hui une large majorité hispanophone (47 %).

Aucune femme n'a pour le moment obtenu les clés de la ville, puisqu'à l'heure d'écrire ces lignes, Eric Garcetti, dont le portrait n'est pas encore affiché, est encore en fonction, et ce jusqu'en 2022. Quand le visage du démocrate ornera la galerie, à la fin de son second et dernier mandat, peut-être l'équipe dirigeante adoptera-t-elle une tonalité encore plus inédite.

Le plus grand immeuble du monde à base isolée

Au 27e étage, la terrasse d'observation, évidemment vertigineuse, offre un panorama dûment renseigné des principaux points d'intérêt de la ville.

Mais même une fois le sommet atteint, n'ayez crainte : la mairie de Los Angeles est le plus grand immeuble du monde à base isolée. Un terme technique d'ingénierie qui signifie que sa flexibilité latérale est très importante : en clair, elle ne vacillera quasiment pas et absorbera le choc d'éventuelles secousses, même en cas de tremblement de terre majeur. De quoi profiter de la vue et de la galerie des maires en toutes circonstances.

Symbolisme du blason héraldique de la ville

Il est partout, et pourtant quasiment invisible aux yeux des visiteurs et des habitants. Son énigme ludique se retrouve sur les bâtiments officiels, ceux de l'administration, certains drapeaux et même quelques goodies qu'il est possible de se procurer dans de nombreuses boutiques à travers la cité. Le blason héraldique de Los Angeles, pour fréquent qu'il soit, est relativement difficile à remarquer et à déchiffrer. Pourtant, il représente à lui seul la page d'Histoire la plus complète de L.A, car la version de 1905, toujours d'actualité, mélange occupation espagnole, conquête mexicaine et république naissante au mitan du XIXe siècle.

En effet, lion et château proviennent des armoiries du royaume d'Espagne, pays qui a gouverné la Californie de 1542 à 1821. L'aigle tenant dans son bec un serpent, le tout juché sur un cactus, est l'emblème du Mexique, qui régna de 1822 à 1846, date de la proclamation de la République de Californie (dont le symbole est le fameux ours figurant sur le drapeau rouge et blanc). Les bandes et les étoiles sont évidemment une référence directe aux États-Unis, la Californie ayant été intégrée à l'union le 9 septembre 1850. Olives, grappe de raisin et oranges rappellent la nature locale, tandis que le rosaire entourant le sceau est un hommage aux missions que le prêtre franciscain espagnol Junipero Serra, considéré comme le père spirituel de l'État, fonda de 1769 (à San Diego) à sa mort, en 1784. Une version antérieure, qui fut utilisée de 1854 à 1905, était beaucoup plus rudimentaire : elle représentait une simple grappe de raisins entourée de l'inscription « Corporation of the city of Los Angeles ».

Quant au blason du comté dans son ensemble, dont la dernière mouture date de 2014, il met à l'honneur les Amérindiens, puisqu'une femme *native*, flottant entre océan et montagne, y est entourée de six images : un triangle, un compas, un galion espagnol, un thon, le Hollywood Bowl surmonté de deux étoiles, l'archange Gabriel, et enfin une vache, chacune de ces images symbolisant une spécialité ou un fait historique.

BIDDY MASON MEMORIAL PARK

Une esclave devenue millionnaire

333 S Spring St
Métro : Red Line et Purple Line, sortie Pershing Square

Au beau milieu des gratte-ciels de Downtown, dans un recoin presque abandonné à l'écart des regards, entre un restaurant italien et un passage vers des boutiques quelconques, de discrets artefacts témoignent, sur un coin de mur, d'un temps révolu et d'une vie exceptionnelle. Des photos en noir et blanc d'une façade de maison et les volets décatis d'une fenêtre reconstituée sont, dans cette forêt moderne de béton et de verre où tout le monde passe trop vite, autant d'incongruités. On les ignorerait presque si une fresque de béton noir, sculptée et sertie d'éléments en marbre, ne s'étalait pas, de l'autre côté du passage, sur 25 mètres de long.

Entre ces deux emplacements se trouvait la maison de Bridget « Biddy » Mason, née en 1818 comme esclave, en Géorgie. Alors que ses propriétaires, les Smith, se convertissent au mormonisme, ils déménagent leur ferme depuis le Mississippi et viennent l'installer à San Bernardino en 1851, après un exode qui les fera passer par l'Utah : un périple de plus de 3000 kilomètres, effectué à pied. À cette époque, l'esclavage est déjà aboli en Californie, mais Robert Smith, qui feint de l'ignorer, s'oppose à la libération de Biddy, avant de prétexter un énième départ, cette fois vers le Texas, pour échapper à la loi locale. Biddy Mason obtient alors sa liberté ainsi que celle de 13 autres esclaves avec l'aide d'un juge fédéral, en 1856, à huis clos (à l'époque, les Noirs n'étaient pas autorisés à témoigner contre les Blancs dans un tribunal).

Une fois libre, « Tante » Mason, comme elle était affectueusement surnommée, devient infirmière, puis sage-femme, avant de fonder la première église noire méthodiste épiscopale (African Methodist Episcopal Church) et, surtout, une école dédiée aux Afro-Américains. Le parc et l'installation qui lui sont consacrés, dessinés par Sheila Levrant de Bretteville, sont un saut émouvant dans l'Histoire, en direct de sa première maison, détruite depuis longtemps. Ils narrent l'épopée incroyable de cette femme unique, au travers de petits textes explicatifs, à l'emplacement même où sa vie prit un tournant héroïque. En économisant pendant dix années, l'ancienne esclave acheta en effet ce lopin de terre, devenant ainsi la première femme noire à accéder à la propriété terrienne

à Los Angeles. En 1884, elle vendit une partie de son terrain, où fut construit un bâtiment commercial. Biddy Mason réussira à amasser 300 000 dollars (6 millions actuels) et fera don de sa fortune à de multiples œuvres de charité, après avoir aidé sans relâche les communautés noires et blanches jusqu'à la fin de sa vie, le 15 janvier 1891. Elle est enterrée au Evergreen Cemetery, à Boyle Heights, 5 kilomètres plus à l'est.

LES DÉTAILS OUBLIÉS
DE LA FAÇADE
DU MILLION DOLLAR THEATRE

La rencontre de l'eau et des artisans du grand écran

307 South Broadway
(+1) 213-617-3600
Métro : Red Line, arrêt Pershing Square

À l'apogée de l'âge d'or de Hollywood, il y avait plus de 300 théâtres downtown L.A., dont 22 sur la seule South Broadway. Le Million Dollar Theatre (qui doit son nom à la somme d'argent que l'entrepreneur et showman Sid Grauman engagea pour sa construction) se situe au numéro 307. Si habituellement, hormis les marquises affichant les noms des films et pièces, rien ne distinguait la façade d'un immeuble abritant un cinéma ou un théâtre de celle de leurs voisins de palier (souvent des immeubles de bureaux très basiques), ici au contraire, la devanture tout entière se fait témoin d'une histoire mythologique autant que d'une passion bien réelle, qui semblent tourner autour de deux éléments : l'eau et le septième art.

Pourquoi ces sculptures perchées sur les corniches paraissent-elles verser du liquide depuis le toit ? Que signifient ces cascades semblant jaillir de la voûte surplombant l'entrée ? Qui sont ces gens qui dansent et s'agitent au deuxième étage ?

L'immeuble abritait originellement, à son ouverture en 1918, les bureaux du Water Works and Supply, à savoir l'opérateur public en charge de la production et de la distribution de l'eau à Los Angeles. Son ingénieur en chef, le fameux William Mulholland, étant partout reconnu comme le sauveur d'une ville qui, sans son intervention, serait morte de soif, les sculptures lui rendent hommage, laissant symboliquement couler de l'eau le long de la façade, avec la bénédiction de Téthys, déesse de la mer dont le médaillon donne sur l'ancien bureau dudit Mulholland.

Mais le Million Dollar Theatre, non content de se parer de mythologie, célèbre aussi, de façon plus terre-à-terre, le cinéma : Sid Grauman souhaitait par-dessus tout que comédiennes et comédiens soient révérés et que le public dresse littéralement les yeux vers le ciel pour les apercevoir, à une époque où la profession d'acteur était encore très mal considérée. De fait, en observant attentivement le deuxième étage, vous apercevrez des statues figurant les différents métiers de l'industrie cinématographique : danseur, musicien, technicien, scénariste, acteur, artiste...

Le premier tapis rouge de l'histoire

Grauman est également celui qui eut le premier l'idée de dérouler un tapis rouge lors des avant-premières, un honneur historiquement réservé à la royauté. Ironie du sort, peu après son ouverture, le Million Dollar Theatre cessa pourtant de projeter des films et se consacra à l'accueil de musiciens.

LES INITIALES « BPOE » AU FRONTON DU FUNICULAIRE ANGELS FLIGHT

Le territoire de mystérieux élans

350 South Grand Avenue
(+1) 213-626-1901
angelsflight.org
Métro : Red Line, arrêt Pershing Square

Si le plus petit chemin de fer du monde connaît un succès phénoménal depuis sa réouverture en août 2017, après plusieurs ratés dus à une série d'incidents (que le succès du film musical *La La Land*, en 2016, a contribué à faire oublier), il reste un mystère que l'immense majorité des passagers du funiculaire orange, gravissant et descendant Bunker Hill depuis 1901, ne remarquent même pas.

Sur la fameuse façade Beaux-Arts de l'arcade d'entrée donnant sur Hill Street, en face du Grand Central Market, quatre lettres ton sur ton se fondent dans le fronton. Pour les apercevoir, jetez un œil au-dessus de votre tête avant d'embarquer.

À l'époque où les habitants de ce riche quartier empruntaient Sinai et Olivet (le petit nom des deux trains) plus souvent que les touristes pour se rendre littéralement *downtown* (dans la ville du bas), James Ward Eddy, opérateur privé, avait fait graver ces mystérieuses initiales en l'honneur d'un groupe quelque peu particulier, venu se rassembler en 1909 en haut de la colline lors d'un congrès : les Benevolent and Protective Order of Elks (BPOE), soit « l'Ordre bénévole et protecteur des élans », une confrérie ayant son siège californien au terminus de Bunker Hill, « la loge numéro 99 ».

Se baptisant eux-mêmes avec une pointe d'ironie les « Best People On Earth » (meilleures personnes au monde), les membres de ce groupe comptèrent en leur temps le général MacArthur ou les présidents Truman, Eisenhower et Kennedy. Ce qui avait débuté, en 1868, comme un groupe privé d'amuseurs new-yorkais, les « Jolly Corks », pour pallier le manque d'établissements publics ouverts le dimanche, est devenu une confrérie désormais forte d'un million de membres à travers le monde, dont le siège est basé à Chicago.

La loge, d'abord consacrée à l'aide aux anciens combattants après la guerre de Sécession, s'est diversifiée dans ses actions philanthropiques (à l'image du Rotary Club, des Kiwanis ou des Lions Clubs), sans échapper aux polémiques sociétales charriées par les époques traversées. Femmes et personnes de couleur sont désormais acceptées, mais pour adhérer, les potentiels membres doivent être des citoyens américains et croire en Dieu, entre autres prérequis. Ne pas être adhérent du Parti communiste ne fait cependant plus partie des critères exigés des candidats.

Quoi qu'il en soit, nul besoin d'être membre de la loge californienne pour monter à bord d'Angels Flight, devenu une attraction touristique appartenant à la Angels Flight Railway Foundation.

WELLS FARGO HISTORY MUSEUM ⑮

Conquête de l'Ouest et ruée vers l'or

333 South Grand Avenue
(+1) 213-253-7166
wellsfargohistory.com/museums/los-angeles
Du lundi au vendredi de 9 h à 17 h
Visites guidées gratuites, jusqu'à 10 personnes, sur réservation
Entrée gratuite
Métro : Red Line ou Purple Line, arrêt Pershing Square

C'est en 1852 que Henry Wells et William Fargo, les deux fondateurs d'American Express, créent Wells Fargo & Company, un service de poste, de transport et de livraison qui, par le truchement de l'Histoire, deviendra au fil des ans le troisième groupe financier américain (et la cinquième plus grosse entreprise à l'échelle de la planète).

Si son siège social est à San Francisco, la super-banque d'aujourd'hui, qui a des bureaux dans tout le pays, possède également 12 musées à travers les États-Unis, de Denver à Phoenix en passant par Portland ou Sacramento. Et s'ils sont fascinants, c'est qu'ils ne se contentent pas d'être de simples hagiographies à la gloire du capitalisme, mais retracent la folle épopée d'une transformation cruciale survenue lors de la conquête de l'Ouest : lorsque ces convois pleins de femmes, d'hommes et de courrier devinrent convois d'argent pendant la ruée vers l'or, avant que le train bouleverse finalement le rapport de la population américaine à ces grands espaces infinis.

Le musée de Los Angeles montre une réplique de diligence aux couleurs reconnaissables (rouge et or), des photos d'archive, d'authentiques pépites d'or, un télégraphe, des outils utilisés dans les mines, et surtout des cartes, dont celle du service « Pony Express » : route de distribution rapide du courrier avec chevaux au galop qui reliaient Saint-Joseph (Missouri) à Sacramento (Californie), elle fut un temps empruntée par les diligences de Wells Fargo. Les cartes plus locales de Los Angeles valent à elles seules le détour, figurant précieusement l'évolution de la ville.

Les expositions retracent également les destins de ces femmes et hommes ayant fait la renommée de l'entreprise, qu'ils aient été conducteurs de diligences, banquiers ou *shotgun messengers*, les convoyeurs de fonds de l'époque, régulièrement attaqués sur la route, avant que l'entreprise se sédentarise en se muant en banque. Aujourd'hui, ces diligences, témoins d'une époque révolue, font des apparitions lors de foires et d'événements spéciaux, et une transaction prend une microseconde à parcourir le globe (quelques heures en avion pour les humains), là où ces engins mettaient à l'origine 24 jours à traverser les États-Unis d'est en ouest. Un changement d'échelle impressionnant et brutal.

BLUE RIBBON GARDEN

Une rose pour Lilly (Disney)

Walt Disney Concert Hall
111 South Grand Avenue
(+1) 323-850-2000
laphil.com
Métro : Red Line ou Purple Line, arrêt Civic Center/Grand Park Station

Si le Walt Disney Concert Hall, dessiné par l'architecte Frank Gehry et inauguré en 2003, est devenu un symbole de la ville, il cache sur sa partie arrière, en hauteur, un jardin public méconnu, le Blue Ribbon Garden, qui est parfait pour une pause déjeuner au calme.

Plantes exotiques parsèment les allées de ce parc bucolique, où quelques tables sont disséminées çà et là. Une fontaine à la forme originale attire particulièrement l'attention. Dessinée elle aussi par Frank Gehry et réalisée en porcelaine de Delft, telle une mosaïque, avec des milliers d'éclats de carreaux, elle s'intitule *A Rose for Lilly*, un hommage à la passion de la donatrice Lilly Disney (veuve de Walt) pour les roses et pour ce matériau noble. Plus loin, un mini-amphithéâtre accueille parfois des représentations pour les enfants, avant qu'un passage entre les alcôves d'acier nous ramène sur Grand Avenue.

Patina, le restaurant du lieu, cultive même plantes aromatiques et fleurs comestibles au cœur du jardin, sur de petites parcelles dédiées. Violettes, romarin, fenouil : selon les saisons, jardin et assiette se répondent en harmonie.

LE PARC POUR CHIENS DU TUNNEL ABANDONNÉ DE BELMONT

Transit, trafic, musique... le cœur battant d'une ville évanouie

Belmont Tunnel, Hollywood Subway
1304 West 2nd Street
Accessible en permanence

De nombreuses années avant la construction du métro moderne dans les années 1990, le Belmont Tunnel, emprunté par 20 millions de passagers qui transitaient annuellement dans les wagons du tramway, était sans doute le « carrefour » le plus peuplé d'Amérique. Il connectait ainsi, de 1910 à 1950, les différentes lignes du Pacific Electric Railway, s'étendant entre le centre de Downtown (à l'angle de la 6e rue et de Main Street) et Westlake à l'ouest.

Ces lignes de tram rejoignaient à l'époque la Vallée de San Fernando, Glendale, Santa Monica et Hollywood, préfigurant ce qui deviendrait bien plus tard le tracé du Los Angeles County Metro Rail. Entre les deux ères, soit de 1950 à 1990, règne sans partage de la voiture individuelle, le tunnel demeura abandonné, une désaffection qui attira la vie interlope de L.A.

Désormais bouchée et repeinte, sa discrète entrée, située sur la 2e rue et classée Monument Historique, a vu son seuil réhabilité en parc pour chiens : un lampadaire banal, de la pelouse synthétique et quelques couleurs évoquant une vieille rame, rien de plus...

Ce bout de terre fut pourtant le berceau de bien des mythes ayant forgé l'aura culturelle d'une Californie cool et mystérieuse, admirée dans le monde entier.

Running Man, *Predator*, *Reservoir Dogs*, mais aussi de nombreux clips de groupes iconiques de la région ont investi l'entrée du tunnel (et le tunnel lui-même, dont l'accès est maintenant interdit au public) : Black Rebel Motorcycle Club, Warren G, Carlos Santana (pour le clip de *Maria Maria*), pour ne citer qu'eux : tous ont fréquenté ce lieu sans charme apparent, difficile à débusquer, mais à l'attrait magnétique.

L'histoire la plus émouvante de ce vieux boyau sans vie fut écrite par le groupe de rock Red Hot Chili Peppers, qui y a filmé en 1991 le clip de son morceau le plus connu, véritable ode à Los Angeles : *Under the Bridge*. On y voit Anthony Kiedis, leader et chanteur, déambuler dans le tunnel, dont on aperçoit de temps à autre la bouche menaçante, devant laquelle s'affaire leur guitariste de l'époque, John Frusciante.

Ce single au succès planétaire (le plus grand des Red Hot à ce jour), tiré du cinquième album *Blood Sugar Sex Magik*, raconte la descente aux enfers et l'addiction à diverses drogues du charismatique parolier après la mort de sa petite amie. La légende dit qu'il passait alors son temps à errer dans la ville, qu'il achetait ses doses de came près du Belmont Tunnel, et, surtout, que l'esprit de L.A. veillait sur lui... Ce qui lui permit d'écrire ce poème (qui allait devenir un tube grâce au producteur Rick Rubin) et de laisser son passé trouble derrière lui. « Je ne veux pas ressentir ce que j'ai ressenti ce jour-là », répète le refrain lancinant, chanté par un chœur délicat. Un morceau unique pour un lieu spécial, qui vaut qu'on lui rende hommage.

Il est même possible de skater sur cette structure avec le personnage en 3D du célèbre Tony Hawk, dans le jeu vidéo portant son nom.

VISTA HERMOSA PARK

Une forêt miniature au cœur de la ville

100 North Toluca Street
(+1) 213-250-3578
laparks.org/park/vista-hermosa
Tous les jours de 7 h à 19 h 30

L a plus belle vue de Downtown, qui est aussi la plus romantique, est issue d'un projet de réhabilitation d'un quartier à majorité latino à la pauvreté endémique, au nord-ouest des autoroutes 110 et 101 qui délimitent l'entrée du centre-ville.

Havre de verdure parfait pour un pique-nique malgré sa proximité avec le béton, agrémenté notamment de plusieurs pistes de randonnée et d'un petit amphithéâtre, Vista Hermosa Park fut, en 2008, le premier parc construit près du centre-ville en plus de 100 ans.

La *Santa Monica Mountains Conservancy* et la *Mountains Recreation and Conservation Authority* ont en effet joint leurs forces à celles de la ville et du district scolaire unifié de la ville (LAUSD) pour offrir aux habitants un endroit où cours d'eau, rochers, cascades, prairies et arbres indigènes se succèdent, agrémentés d'installations artistiques sur le thème de l'environnement : le parc, autosuffisant en eau, a en effet été conçu en suivant des préceptes éco-responsables.

Devenu un spot prisé des joggeurs, les quatre hectares accueillent également un terrain de football aux normes FIFA, juste en contrebas, que se partagent joueurs du dimanche et élèves du lycée Belmont, dont la construction fut décidée au même moment par le district.

Mais le premier public est la communauté locale défavorisée : Vista Hermosa représente, grâce à sa végétation variée, une « porte d'entrée » à la chaîne des monts Santa Monica, et des sorties en montagne ou à la plage sont régulièrement organisées pour les familles du quartier via des navettes gratuites.

Dans une cité sèche et pauvre en parcs, où l'ensemble des espaces verts se concentrent à Griffith Park ou dans des montagnes difficilement accessibles sans voiture, la réussite de ce projet, situé à la fois sur un ancien gisement de pétrole et une ligne de faille, est à souligner. Quelques pas suffisent, au milieu de ce qui semble être une forêt, pour se croire à mille lieues d'une mégapole de 4 millions d'habitants.

LA MAISON DU CLIP DE *THRILLER* ⑲
DE MICHAEL JACKSON

Un refuge pour échapper aux zombies danseurs

Sanders House
1345 Carroll Avenue
Visible depuis la rue

C'est certainement la vidéo la plus iconique de l'histoire de la musique, un court-métrage horrifique de plus de 13 minutes qui, non content d'accompagner un morceau brillant, révolutionna l'art du clip.

Thriller, écrit par Rod Temperton et interprété par Michael Jackson, troisième single de l'album du même nom qui pulvérisa tous les records de ventes dès sa sortie en 1982, rendait déjà un hommage appuyé et malin à de nombreux films d'épouvante.

Côté visuel, John Landis, réalisateur du *Loup-garou de Londres*, long-métrage que la pop star adulait, sera donc logiquement aux manettes de cette histoire de petite amie (jouée par Ola Ray) trahie à deux reprises par celui qu'elle prend pour un garçon sans histoire : une première fois, dans le « film dans le film », lorsqu'après une demande en mariage, Michael Jackson se transforme en loup-garou aux allures de gros chat (les scènes ont été tournées à Griffith Park et dans deux cinémas de la ville), puis une autre fois dans la « vraie vie », où le chanteur prend les traits d'un zombie décati pour effectuer, entre autres, la chorégraphie la plus reprise de tous les temps : les fameux pas effectués par Michael Jackson et ses nouveaux amis d'outre-tombe, dans le quartier de Boyle Heights, sont en effet devenus aussi classiques que le titre lui-même.

À la fin de cette lente procession de l'horreur, la dulcinée se réfugie dans une maison victorienne abandonnée aux contours menaçants, avant que Michael Jackson ne la sauve de ce cauchemar. Si les scènes d'intérieur ont été tournées en studio, c'est quasiment dans son jus d'antan que l'on peut voir, encore aujourd'hui, la maison utilisée pour les extérieurs.

Construite en 1887 par un certain Michael Sanders, qui lui donna son nom, elle se tient aujourd'hui, fière mais plutôt abîmée, dans le quartier d'Angelino Heights, au nord de Downtown, dans une rue par ailleurs plutôt bien dotée en manoirs de style Queen Anne et autres Eastlake, propres à la période victorienne tardive.

S'il s'agit d'une propriété privée, qu'il est donc impossible de visiter, rien n'empêche de s'arrêter à hauteur de la demeure pour un dernier frisson, tout particulièrement à l'approche d'Halloween, où son austérité glaciale tranche avec les opulentes décorations des maisons voisines.

LE « TIME TRAVEL MART » D'ECHO PARK

Un projet fou et un magasin qui évoque Retour vers le futur

1714 West Sunset Boulevard
(+1) 213-413-3388
timetravelmart.com
826la.org
Tous les jours de midi à 18 h

Lunettes pour voir ce que le futur vous réserve, « Pastport », œufs de dinosaures, bras robotisés, tenue de savant fou, viande de mammouth, médicaments contre le mal du voyage dans le temps, kits de survie en cas d'attaque de momie, fioles de langues mortes : vous l'aurez compris, cette échoppe, qui évoque autant *Retour vers le futur* que le laboratoire coloré d'un scientifique barjot, est unique en son genre. Mais pas seulement parce qu'elle est dédiée à la vente d'objets décalés.

Ce petit « marché » est en effet l'un des projets fous du collectif 826LA, la branche de Los Angeles du projet 826, créé par l'écrivain américain Dave Egger (auteur, entre autres, du roman *Une œuvre déchirante d'un génie renversant*), qui offre des programmes éducatifs à visée littéraire à des élèves défavorisés de 6 à 18 ans à travers la ville, aidant ainsi les professeurs dans leur tâche.

Organisation à but non lucratif, 826 National fut créé en 2002 à Valencia, un quartier de San Francisco, par Egger et Nínive Clements Calegari, une éducatrice devenue auteure. Depuis, son succès a poussé ses fondateurs à ouvrir des satellites à L.A., New York, Chicago, Ann Arbor (près de Detroit, dans le Michigan), Washington D.C., Boston et La Nouvelle-Orléans. Cependant, le lieu d'origine étant situé dans une zone commerciale, la loi locale obligeait « 826 » à ne pas simplement offrir des cours gratuits, mais à vendre quelque chose sur place...

Vint alors l'idée d'inclure une boutique remplie d'objets tous plus délirants les uns que les autres, avec, à chaque fois, un thème loufoque, le tout pour récolter des fonds pour les programmes.

C'est ainsi que les quartiers d'Echo Park et de Mar Vista (12515 Venice Boulevard, mêmes horaires) abritent deux boutiques spécialisées dans le voyage temporel, tandis que celles de San Francisco sont consacrées aux pirates, celle de Brooklyn aux super-héros, celle de Chicago aux agents secrets, celle de Detroit aux robots, celle de Boston au Bigfoot (l'équivalent américano-canadien du célèbre yéti himalayen), celle de Washington à la magie et celle de La Nouvelle-Orléans aux fantômes. La configuration est partout similaire : en vitrine, des objets et des souvenirs hilarants à chiner, forts d'une présentation ludique et d'un choix conséquent. Puis, dans l'arrière-boutique, le centre éducatif d'une association qui a fait ses preuves. Un retour en enfance salutaire qui, en bonus, aide les vrais enfants d'aujourd'hui.

MUSIC BOX STEPS

Le lieu de tournage oublié d'un court-métrage oscarisé de Laurel et Hardy

900 Vendome St

Avant les autoroutes, à l'époque où Los Angeles était dotée d'un vaste (quoique médiocre) réseau de transports, ses collines étaient un vrai jeu des échelles, dédale d'escaliers raides et de chemins de traverse, pour la plupart encore parfaitement accessibles. Certains ont plus de notoriété que d'autres.

À Silverlake, les « Music Box Steps » doivent leur nom à leur apparition dans *The Music Box – Livreurs, Sachez livrer !* en version française –, court-métrage de Laurel et Hardy oscarisé en 1932, où le duo chargé d'un piano tente tant bien que mal de gravir les 133 marches entre Vendome Street et Descanso Drive. Remake de *Plus de chapeau*, court-métrage perdu de 1927 qui fut tourné au même endroit, *Livreurs, Sachez livrer !* est l'un des premiers films parlants de Laurel et Hardy, une comédie dans la plus pure tradition burlesque qui n'a pas pris une ride.

Près d'un siècle plus tard, ce que cette montée a de plus étonnant, c'est son incroyable banalité : un simple escalier de béton, avec une petite plaque à son pied. Comme bon nombre des fantômes de Hollywood, ce n'est qu'un élément du quotidien cadré et immortalisé avec brio.

Les marches cachées, une institution pour tous les sportifs de L.A.

Si certaines marches, telles que le Music Box Staircase, sont devenues de véritables stars de Hollywood, nos escaliers secrets préférés à L.A. sont ceux du High Tower Elevator (voir page 72), qui offrent, à la clé, un panorama incroyable et la sensation d'être seul au monde. Il suffit parfois de se balader à pied pour en découvrir toute une série qui mène aux collines environnantes. Partez à la recherche de vos marches préférées : de Silverlake à Pacific Palisades, de Culver City à Beachwood Canyon, d'El Sereno à Echo Park, en passant par Downtown ou Santa Monica, les options sont nombreuses pour les adeptes de randonnée, d'exercices de cardio, ou plus largement d'exploration urbaine. Matin et soir, nombre de sportifs motivés se retrouvent ainsi autour de quelque bout d'escalier extérieur, partout dans la ville, pour monter et descendre... à fond. Ces aires de gym improvisées sont parfois difficiles à débusquer, masquées par une végétation encombrante, mais elles valent tous les efforts : les gravir donne bien souvent accès à une jolie récompense, sous la forme d'un point de vue unique. À vos baskets !

LES PLAQUES DE « ROOM 8 » LE CHAT

Un félin devenu mythique, adopté par les élèves d'une école pendant 16 ans !

Elysian Heights Elementary School
1562 Baxter Street, Los Angeles
elysian-lausd-ca.schoolloop.com/room8
Visible en permanence depuis la rue

Si cette histoire de l'adoption d'un chat errant par une école élémentaire aurait pu être banale, elle est devenue grandiose... un mythe comme seul L.A. pouvait en produire.

Alors que l'adorable félin est décédé depuis les années 1970, il continue de générer une sorte de culte dans ce coin tranquille d'Echo Park, quartier résidentiel gentrifié de manière soudaine ces dernières années.

C'est l'histoire d'un gros matou gris qui, de 1952 à 1968, avait élu domicile entre les murs de l'école Elysian Heights, aujourd'hui décorée de plaques à sa gloire, de dessins et de mosaïques. Même le site Internet de l'établissement a encore une page dédiée.

Quand il a débarqué dans la fameuse salle 8 en 1952, Room 8 (un jeu de mot avec le mot *roommate*, « colocataire » en anglais) était un simple chat errant, qui s'est vite pris d'affection pour les élèves et les enseignants. La fidélité et la régularité au cours des longues années scolaires de ce chat capable de passer l'été en vadrouille (tout comme les élèves) avant de revenir, dès la rentrée suivante, faire la sieste sur le bureau de la maîtresse pendant que les enfants récitaient l'hymne national au petit matin, marqua les esprits.

Seize années durant lesquelles il eut droit à un livre pour enfants contant sa destinée (*A Cat named Room 8*), un morceau éponyme (par le guitariste acoustique Leo Kottke), un documentaire (*Big Cat, Little Cat*), et surtout des centaines de lettres envoyées chaque jour à l'école, et auxquelles les élèves répondaient parfois en guide d'exercice d'écriture. Elles étaient dues à la parution d'articles et de reportages TV dans les principaux médias du pays : lors de chaque rentrée, les journalistes attendaient fébrilement son retour, armés de caméras. À la mort de Room 8, le *Los Angeles Times* écrivit même une nécrologie d'un quart de page, se joignant à la litanie d'hommages rendus par la presse américaine.

Évidemment, l'engouement est quelque peu retombé aujourd'hui, si l'on exclut les hommages de geeks sur Internet. Si élèves et corps enseignant sont au courant de la mythologie entourant leur établissement, il est peu probable que vous croisiez beaucoup de touristes devant l'école. En revanche, soyez respectueux, prenez quelques photos du sol et des murs, mais ne vous aventurez pas à l'intérieur et restez discret quand vous jetez un coup d'œil rapide aux plaques originales en passant. Il est évidemment interdit de perturber le bon déroulement de l'école.

Pour plus de tranquillité et pour être certain de ne déranger personne, la tombe de Room 8 est sise au Los Angeles Pet Memorial Park, à plusieurs kilomètres de là. Elle donne l'occasion d'aller se promener dans la très chic ville de Calabasas, au nord-est de Malibu.

Los Angeles Pet Memorial Park & Crematory
5068 North Old Scandia Lane, Calabasas
(+1) 818-591-7037 - lapetcemetery.com
Lundi, mardi, jeudi, vendredi et samedi de 8 h à 16 h 30

SCULPTURE *FACES* *OF ELYSIAN VALLEY*

Le premier rond-point de l'histoire de L.A. est un modèle du genre

501 North San Fernando Road
greenmeme.com
Visible en permanence depuis la route

C'est le studio d'artistes et designers Greenmeme, à qui l'on doit les installations urbaines parmi les plus créatives de la ville (notamment le « papier peint de béton » ornant l'autoroute 405 au niveau de Sepulveda Pass Westwood, ou encore le Hyperion Son of Uranus au Centre d'apprentissage environnemental), qui a installé en 2017 neuf visages en granit sculptés dans des sortes d'œufs, près du Dodger Stadium, avec le soin constant de préserver les éléments alentour.

Crée par Freya Bardell et Brian Howe, le tout premier rond-point de l'histoire de Los Angeles, orné des visages de ces inconnus qui ont façonné la ville (un casting a eu lieu en amont), a en effet été pensé comme « *une porte d'entrée vers les trois quartiers qui l'entourent* », à savoir Elysian Valley, Cypress Park et Lincoln Heights. Mais cette réalisation est aussi et surtout un réservoir pour l'eau acheminée depuis le pont voisin, le Riverside Drive Bridge.

De fait, les eaux pluviales sont retenues dans le cercle extérieur par des pavés perméables, eux aussi habillés de visages (les pierres sont issues des chutes des sculptures verticales), qui captent le précieux or bleu, tandis que des plantes locales peu sensibles à la sécheresse ont été choisies avec soin pour harmoniser l'ensemble. En tout, plus de 200 personnes ont participé à ce projet municipal dont la conception a duré sept années. Un modèle d'art urbain « vert et conscient ».

LA SALLE DU « CLUB DES AVENTURIERS » DE LOS ANGELES

Exploration à l'ancienne et artefacts exotiques

The Adventurers' Club of Los Angeles
2433 North Broadway
(+1) 323-223-3948 - adventurersclub.org
Événements, conférences et dîners hebdomadaires ouverts aux non-membres,
sur réservation uniquement, de 18 h à 21 h 30 quasiment chaque jeudi
(attention, certaines soirées sont en effet réservées aux membres du club –
à vérifier sur le site web en amont de chaque événement)
Dresscode : « business casual »

Cachée dans une zone commerciale de Lincoln Heights qui ne paie pas de mine, au-dessus d'une parapharmacie à côté de laquelle un escalier étroit diffuse une lumière jaunâtre, ce « Club des Aventuriers » n'inspire pas confiance de prime abord. Et pourtant... Une fois passée la porte, nous voici transportés dans un décor que l'on croirait tiré des rêves les plus fiévreux d'Indiana Jones.

Jugez plutôt : un kayak tanné par les éléments, un ours polaire empaillé, des poteries précolombiennes, des casques de la Seconde Guerre mondiale, des coffres-forts, des drapeaux, un véritable squelette de mammouth, une tête de singe, celle (réduite) d'un humain issue d'un rituel amazonien... Les artefacts qui ornent cette salle de réunion, autrement banale, sont loin de l'être. Même les membres, pour la plupart de vieux messieurs d'âge canonique se vantant d'avoir « escaladé l'Everest sans oxygène », « surfé dans l'Arctique », « fait la guerre » ou « pêché l'anguille sur les six continents », semblent issus d'un temps révolu d'explorateurs à l'ancienne, aux anecdotes dignes des ouvrages de Jules Verne. Qu'ils donnent des

cours de self-défense un peu surannés ou reçoivent des auteurs pour une discussion au long cours, leur vision de l'aventure a une certaine... patine.

C'est en 1922 que le capitaine John Roulac rassembla ce drôle d'aréopage d'hommes en quête d'exploits sportifs, humains et anthropologiques. Parmi les membres les plus illustres, on compta le président américain Teddy Roosevelt, l'astronaute Buzz Aldrin ou encore le réalisateur James Cameron. Des pointures de l'exploration terrestre et spatiale, des archéologues et autres scientifiques, mais aussi des anonymes adeptes de voyages hors des sentiers battus : tous aiment conter leurs aventures et écouter celles des autres, baroudeurs ou conférenciers, chaque jeudi soir.

Fort d'une centaine de membres (le club en a compté jusqu'à 1000 à la grande époque), il n'accepte toujours pas les contributions féminines, à l'exception des « Open Nights ». Pour compenser, les non-membres, femmes et hommes, sont les bienvenus (sur réservation seulement).

Résolument *old school*, à la limite du mauvais goût quand il affiche ses trophées de rhinocéros ou de singes hurleurs sur les murs, ce club vaut comme expérience sociologique et musée de l'aventure. Bons points, ces gentlemen venus d'un temps que les moins de vingt ans ne peuvent pas connaître savent recevoir, leurs anecdotes sont savoureuses, le bar est bien fourni et les dîners sont accessibles.

L'impressionnante collection de météorites de UCLA

UCLA Meteorite Collection
Salle 3697 du bâtiment de géologie
595 Charles E. Young Drive East
meteorites.ucla.edu
Du lundi au vendredi de 9 h à 16 h

Une autre collection de fascinants artefacts attend le visiteur à l'université UCLA (University of California Los Angeles), sur le campus de Westwood. Dans la salle 3697, le département de géologie abrite la seconde plus grande collection de météorites des États-Unis. Tout commença lorsque William Andrews Clark (voir page 86) fit don à l'université d'un fragment de 160 kg de l'aérolithe Canyon Diablo, qui s'écrasa sur la Terre il y a 49 000 ans. Depuis, la fac a rassemblé une collection de 2400 échantillons, visibles sur place.

De Los Feliz à Malibu

ZOO ABANDONNÉ DE GRIFFITH PARK

On se fait un pique-nique dans la cage du tigre ?

4730 Crystal Springs Drive
laparks.org
(+1) 323-644-2050
Tous les jours de 5 h à 22 h 30
Métro : Red Line, arrêt Vermont/Sunset

Griffith Park, l'un des parcs urbains les plus imposants d'Amérique du Nord, regorge de coins et recoins qu'il faudrait une vie entière pour explorer, d'autant que la nature sauvage, reine du lieu, s'assure que la plupart des accès restent indétectables et changeants. On y trouve des routes qui ne mènent nulle part, des cavernes cachées, des jardins éphémères, des bosquets quelque peu magiques... et même un zoo abandonné.

Quelques kilomètres après le vrai zoo de Los Angeles, la vue sur un vieux carrousel laisse place à une petite vallée verdoyante, bordée d'étonnantes anfractuosités : spot parfait pour un pique-nique, idéale étape ombragée lors d'une randonnée, scène du festival Shakespeare in the Park qui y a lieu chaque été... Sans les barreaux encerclant

habituellement les cages, il est plutôt difficile de deviner qu'il s'agit avant tout de l'ancien zoo de L.A. Oui, ces grottes miniatures sont bien les habitations abandonnées d'animaux de la jungle ou de la forêt.

Flashback : il y a de nombreuses années, l'endroit était en effet peuplé d'espèces exotiques venues du monde entier, dont certaines furent ensuite déplacées pour être exploitées sur des plateaux de tournage.

D'autres spécimens appartenaient à des collectionneurs privés, des pionniers de l'aventure en terre inconnue, ou avaient été transférés d'Eastlake Zoo, qui ferma ses portes quand celui de Griffith Park ouvrit les siennes en 1912.

Au départ pourvue d'une quinzaine d'animaux, l'ancienne ferme d'autruches de Griffith J. Griffith connut une expansion soudaine dans les années 1930 sous l'impulsion du Works Progress Administration (WPA), principale agence fédérale du New Deal de Roosevelt. Elle se poursuivit jusqu'en 1966, date à laquelle les bêtes déménagèrent vers le zoo moderne, en face du musée Gene Autry.

Aujourd'hui, on peut donc s'amuser, grimper, voire déjeuner dans ce qui reste des cages du lion, du tigre ou de l'ours, dont certaines sont étonnamment exiguës. Il se peut même que les fantômes de Johnny Weissmuller, inimitable Tarzan, ou de George, le fameux lion rugissant de la MGM, rôdent. Ils ont tous deux fréquenté les lieux pour la magie du septième art... mais seul l'un des deux était alors en cage.

LA « BATCAVE » ORIGINELLE DE BRONSON CANYON

Balade (sans Batmobile) vers la caverne secrète de Batman

3200 Canyon Drive
(+1) 818-243-1145 (numéro du Los Angeles Department of Recreation and Parks, le bureau des Parcs et Loisirs)
laparks.org/park/bronson-canyon
Tous les jours de 5 h à 22 h 30

Pas question de vous donner ici les meilleurs moyens d'accéder à l'iconique panneau HOLLYWOOD perché sur la colline, via un ensemble de sentiers de randonnée plus ou moins escarpés qui sont présents dans tous les guides touristiques.

Cependant, avoir dans son champ de vision les immenses lettres blanches érigées en 1923, lorsque l'on se balade à Griffith Park ou sur les points culminants de la ville, est toujours une récompense appréciable. Et quoi de plus gratifiant que de profiter de cette vue unique en sortant de... la caverne secrète de Batman !

Dans la première mouture des aventures de l'homme chauve-souris pour la télévision au début des années 1960, les scénaristes se sont amusés à intégrer aux histoires des scènes dans le fameux antre de Batman, d'après certains passages du comic se déroulant en effet dans ce laboratoire hypermoderne supposément situé au sous-sol du manoir de la famille Wayne, et accessible uniquement en actionnant des leviers cachés. Lors des courses-poursuites impliquant la Batmobile, l'engin motorisé de Batman, les protagonistes quittaient alors la Batcave en sortant d'une petite cavité dissimulée dans la roche avant de se lancer à la chasse aux malfaiteurs.

La série étant évidemment tournée à L.A., les décors naturels de Griffith Park ont servi de prétexte aux alentours de Gotham City. Au sud-ouest du parc, il faut se garer au 3200 Canyon Drive avant de débuter une ascension, très facile, du Bronson Canyon, qui vous emmènera en moins d'un quart d'heure à l'entrée de la grotte, désormais ouverte et accessible aux marcheurs. En sortant, tel Batman, du tunnel (qui fut troué au début du XXe siècle et est encore régulièrement utilisé lors de tournages), dirigez-vous vers la gauche, après la seconde petite caverne, pour une vue imprenable sur le signe HOLLYWOOD, à défaut de vous mettre à la poursuite de vrais méchants. La boucle fait à peine une demi-heure au total, mais comptez une bonne heure en incluant les photos.

Plus au nord, le Brush Canyon Trail vous emmène effectivement aux lettres HOLLYWOOD en moins d'une heure, ce qui peut constituer un double itinéraire parfait... mais ne répétez surtout pas que l'information vient de nous.

Un conseil, valable pour toute randonnée à Los Angeles : si vous venez au petit matin ou à la tombée de la nuit, faites attention aux serpents à sonnette (couvrez vos jambes et restez vigilants) !

SHAKESPEARE BRIDGE

L'un des endroits les plus romantiques de Los Angeles

4001 Franklin Avenue
Le pont commence au niveau de St George Street
(+1) 323-908-6078
franklinhills.org

Classé Monument Historique en 1974, ce court pont routier, d'abord construit en 1926 puis rebâti en 1998 à la suite du tremblement de terre de Northridge (1994), est l'un des endroits les plus romantiques de Los Angeles.

Non content d'enjamber une petite vallée au cœur de Los Feliz, il abrite également un minuscule jardin entre ses piles (accès au 1900 Monon Street). Si la micro-communauté de Franklin Hills, peuplée entre autres de quelques stars de cinéma en vue, n'a pourtant rien à voir avec le célèbre dramaturge britannique, elle est très active quand il s'agit de préserver l'authenticité de ce bout de quartier en suspension. Depuis ladite rénovation, le pont de 80 mètres de long pour 9 mètres de large est régulièrement décoré de guirlandes de lumière, installées par la Franklin Hills Resident Association.

À l'origine, ce petit bijou avait coûté la modique somme de 60 000 dollars, mais les proches voisins comme les observateurs n'étaient pas très contents du résultat obtenu par l'architecte J.C. Wright. Selon un article du *Los Angeles Times* de l'époque, « un tel pont n'aura[it] aucun intérêt pour le public ». Depuis, il est un élément chéri du quartier. La ravine, qui abritait autrefois un petit ruisseau appelé Arroyo de la Sacatela, est accessible grâce à une série d'escaliers datant de la même ère que l'édifice en béton aux flèches gothiques, que peu d'automobilistes prennent la peine d'admirer. Le trottoir est étroit mais il est possible de se garer pendant quelques minutes à l'entrée Est.

Nul besoin de passer la journée sur ce pont, mais il fait assurément office de spectaculaire arrêt photo sur la route menant à de nombreux spots immanquables de la ville, parmi lesquels la première maison de Walt Disney (2495 Lyric Avenue), la Hollyhock House à Barnsdall Park (4800 Hollywood Boulevard, voir page 72) ou encore les ABC Prospect Studios (4151 Prospect Avenue), où sont tournés depuis les années 1950 de nombreuses émissions de télévision... Loin, très loin des vers déclamés en leur temps par les troupes de William Shakespeare.

ENSEIGNE
« HAPPY FOOT/SAD FOOT »

Un dessin de pied aux pouvoirs insoupçonnés

Ancien emplacement : 2711 W. Sunset Boulevard
Nouvelle adresse : 1770 N Vermont Avenue

Il était l'un des phares les plus reconnaissables du quartier branché de Silverlake. Rien ne prédestinait cette enseigne pivotante, telle une girouette placide, à devenir un tel lieu de culte, et pourtant... Le double signe de ce podologue de quartier, avec d'un côté un dessin style cartoon de pied en pleine forme, et de l'autre celui d'un panard mal en point (accompagné de la mention « Foot Clinic » et d'un numéro de téléphone), est devenu en quelques années un symbole du quartier et des milieux *arty* de la ville.

Apparu dans un roman local dès 2007 (*You Don't Love Me Yet*, de Jonathan Lethem), le fameux signe servait de boussole à son protagoniste quant aux décisions cruciales à prendre, ce dernier traitant le pied comme un Dieu tout-puissant.

Pour les musiciens Beck ou Eels, il s'agissait également d'un oracle, puisqu'ils ont affirmé lui prêter des qualités pronostiques lorsqu'ils vivaient à Silverlake. « Votre journée va-t-elle être ratée ou réussie ? Demandez au pied ». Selon la face qui apparaissait en premier lorsque vous sortiez de chez vous, vous étiez fixé.

David Foster Wallace l'évoquait également dans *Le Roi pâle*, et le groupe électro-pop YACHT en a fait le héros d'un clip rocambolesque. Le quartier a même hérité d'un surnom comme seuls les Américains savent en créer quand il s'agit de qualifier une microbulle de voisinage : HaFo SaFo, pour « Happy Foot/Sad Foot ».

D'où le choc lorsque, en 2019, le Dr Lim a décidé de fermer boutique et de faire enlever son panneau pivotant. Qu'allait devenir la légende officieuse du quartier ? Tout le monde a retenu son souffle pendant quelques mois.

Finalement, fin 2019, Bill Wyatt, gérant de la boutique *Y-que Trading Post* (à Los Feliz, quartier voisin) et grand adepte du pied tournant, a racheté l'enseigne juste avant que cette dernière ne soit détruite, pour l'installer dans son magasin.

Depuis, chaque jour une poignée d'initiés viennent saluer pour la blague la mémoire du peton aux deux visages.

Le quartier de Silverlake à pied

De Sunset Junction au lac d'Echo Park, en passant par le Silverlake Reservoir dans un sens et par Sunset Boulevard au retour, la boucle fait 1 h 40. En y ajoutant le tour dudit lac, une pause déjeuner et un peu de shopping, c'est un itinéraire idéal pour découvrir le L.A. hipster en une demi-journée. Il suffit désormais d'y rajouter un passage à la boutique de Los Feliz et d'aller admirer les vestiges de « Happy Foot/Sad Foot ».

HOLLYHOCK HOUSE

Le chef d'œuvre mal-aimé de Frank Lloyd Wright

Barnsdall Art Park
4800 Hollywood Blvd
(+1) 213-626-1901
barnsdall.org
Parc ouvert tous les jours de 6 h à 22 h
Junior Art Center : du lundi au vendredi de 10 h à 18 h et samedi de 10 h à 16 h
Galerie d'art : du jeudi au dimanche de midi à 17 h
Visites de la maison : du jeudi au dimanche de 11 h à 16 h
Derniers tickets vendus chaque jour à 15 h 30

Créature étrange issue de la première partie de la carrière de Frank Lloyd Wright, à l'époque où son travail n'était pas encore largement célébré, la Hollyhock House (« rose trémière » en français) fut mal-aimée avant de redevenir un trésor caché de L.A.

Mal-aimée par sa propriétaire, Aline Barnsdall, qui y vécut très peu et la légua à la ville avec le parc qui porte désormais son nom, en 1927.

Mal-aimée par l'architecte lui-même, qui expérimentait alors, avant ses chefs d'œuvre au style Prairie School (à l'image de la « Maison de la cascade » en Pennsylvanie) ou son indépassable musée Solomon R. Guggenheim à New York, un concept intermédiaire, en béton ouvragé, rappelant les temples mayas et les habitations traditionnelles japonaises.

Appelée « construction en blocs tissés », cette technique est à la croisée

des chemins entre les rares grands bâtiments commandés par quelque municipalité et les odes totales à la nature dessinées plus tardivement par le maître américain.

Vue avec des yeux d'aujourd'hui, la maison, dont le style fut finalement surnommé *California Romanza*, est sublime : ciment brut, colonnes ouvragées, éléments Art nouveau mêlés de modernisme, fontaine centrale à demi couverte, passerelles évoquant de petits ponts enjambant un canal, splendide cheminée au bas-relief égypto-Bauhaus... Le mélange des styles faisant merveille, une visite de l'intérieur s'impose. Car avec ses airs de temple maçonnique massif, l'extérieur peut sembler austère, malgré les formes accueillantes de la colline et la vue spectaculaire. À noter, le parc abrite aussi un cinéma, une galerie d'art et un centre artistique pour les plus jeunes.

Le fils de Frank Lloyd Wright, Lloyd de son prénom, qui supervisa l'édification des dépendances, est aussi l'architecte principal de l'autre maison à l'architecture maya du quartier de Los Feliz, située à quelques centaines de mètres, et devenue rapidement célèbre. Et pour cause : avec son entrée en forme de mâchoire de requin, la maison John Sowden, au 5121 Franklin Avenue, aurait été le théâtre en 1947 de l'un des meurtres les plus emblématiques de la ville, celui d'Elizabeth Short, plus connue sous le nom de Dahlia noir.

© Teemu008 from Palatine, Illinois

LE BUNGALOW
DE CHARLES BUKOWSKI

L'ancienne demeure du mythique écrivain, devenue un monument historique

5124 De Longpre Avenue
Ne se visite pas
Métro : Red Line, arrêt Vermont/Sunset

C'est grâce aux efforts coordonnés de Lauren Everett et Richard Schave que le modeste bungalow que l'écrivain Charles Bukowski loua au 5124 De Longpre Avenue pendant près de dix ans fut sauvé in extremis de la démolition.

Une victoire pour les fans de l'auteur du *Postier*, le premier roman de l'auteur, écrit à cet endroit en 21 jours et publié en 1971 aux États-Unis, après des années passées à composer nouvelles et poésies sans grand succès.

Everett et Schave, photographe et historien de leur état (le second a d'ailleurs fondé une entreprise de visites atypiques de la ville en bus nommée « Esotouric ») ont mené une campagne intense contre des promoteurs immobiliers féroces bien décidés à transformer les quelques bungalows de l'allée en immeubles modernes. Cette petite maison n'est en fait pas grand-chose, mais elle fut ainsi classée en 2008 au registre des Monuments Historiques par la Commission de l'héritage culturel de Los Angeles, qui sauve ainsi une quarantaine de monuments par an, que ce soit pour leur grande valeur architecturale ou, comme ici, pour leur contribution à l'histoire de la cité. Les lettres HOLLYWOOD perchées sur la colline, les Watts Towers à South Los Angeles et le Shrine Auditorium à USC font notamment partie, à L.A., de cette petite famille de monuments sauvés « à jamais » des affres du temps.

« Le quartier est resté un quartier ouvrier, avec une communauté composée de Russes, d'Arméniens, de Slaves, arrivés dans les années 1960 et 1970 », expliquait Richard Schave à la presse, à l'époque du sauvetage de la maison de Bukowski. « Au coin de la rue, il y a toujours *Pink Elephant Liquors*, le magasin de spiritueux préféré de l'écrivain. C'est sur De Longpre Avenue que son travail a explosé à la face du monde. Cet endroit fut le propulseur qui décida du reste de sa vie. » À partir de cette époque charnière, Black Sparrow Press, par la voix de son fondateur John Martin, allait en effet devenir l'éditeur historique de Bukowski.

Dans la rue, une plaque célèbre désormais cette victoire de l'art sur l'argent, et si le bungalow est privé, on peut toujours le voir très distinctement depuis la rue, et demander éventuellement aux actuels locataires l'autorisation de prendre une photo souvenir.

LA « FUSÉE TOMBALE »
DE CONSTANCE ET CARL BIGSBY

« Dommage... on s'est bien amusés »

Hollywood Forever Cemetery
6000 Santa Monica Boulevard
(+1) 323-469-1181
hollywoodforever.com
Du lundi au vendredi de 8 h 30 à 17 h, samedi et dimanche jusqu'à 16 h 30
Entrée gratuite

Hollywood Forever Cemetery, l'un des cimetières les plus emblématiques du pays, abrite un nombre impressionnant de sépultures de célébrités. De très nombreuses figures de la télévision, du théâtre et du cinéma américains sont inhumées dans ce bel écrin de verdure de 25 hectares, bordé de palmiers et situé à deux pas des studios Paramount (ceci explique sans doute cela). Non content d'être *the place to be* pour les défunts en vue, il a su renouveler depuis le début des années 2000 son attractivité auprès des vivants, en accueillant notamment chaque été des fêtes, des projections de films et des concerts en plein air.

Cependant, ce joli lopin est aussi la dernière demeure de parfaits inconnus, qui dépassent parfois les limites du bon goût, du romantisme, de la décence ou de la fantaisie lors de l'achat de leur pierre tombale.

C'est le cas du graphiste Carl Bigsby et de son épouse Constance. Leur carré de terre, situé dans la section centrale 13 (lot 521), est le socle d'une reproduction grandeur nature du missile Atlas-B, fusée qui plaça en orbite le 18 décembre 1958 le premier satellite de communications de l'Histoire. Ce lancement réussi remit les États-Unis sur le chemin d'une conquête spatiale victorieuse, alors que ces derniers avaient initialement pris un retard énorme face à la fusée Spoutnik, lanceur orbital soviétique utilisé avec succès dès l'année précédente.

Mort le 3 mai 1959, Carl Bigsby se considérait lui-même, non sans un certain humour, comme un « pionnier » du graphisme, au même titre que cette mission décisive. « La mission spatiale Atlas Pioneer symbolise ici la carrière de Carl Morgan Bigsby, un leader reconnu dans de nombreux domaines des arts graphiques. Lui aussi était un pionnier », peut-on lire sur cette drôle d'épitaphe qui laisse surtout admirer une superbe statue de fusée, un type de pierre tombale que l'on n'observe pas tous les jours.

L'épitaphe de Constance Bigsby, décédée bien des années plus tard, en l'an 2000, ne mentionne même pas sa date de mort. Juste au-dessus de l'année de naissance (1914) est gravée une phrase que tout bon vivant aimerait faire sienne : « *Too bad... we had fun* », soit « Dommage... on s'est bien amusés ». Le couple savait visiblement savourer la vie sans se prendre trop au sérieux. Leur hommage décalé aux héros de la conquête spatiale est à la fois poétique, grandiose et facétieux. Une aubaine pour les amateurs de trouvailles insolites délaissées qui ne sont pas intéressés par la recherche de la tombe de Marylin Monroe ou de Mickey Rooney.

MUSÉE DE LA MORT

« Nous avons une ou deux personnes par semaine qui s'évanouissent »

6031 Hollywood Boulevard
(+1) 323-466-8011; museumofdeath.net
Du dimanche au jeudi de 10 h à 20 h, vendredi de 10 h à 21 h et samedi de 10 h à 22 h
Métro : Red Line, arrêt Hollywood & Vine

Je ne dirais pas que les gens vont jusqu'à vomir, mais en moyenne, nous avons une ou deux personnes par semaine qui s'évanouissent » : c'est sur ces mots rassurants que le taulier du musée de la mort (*Museum of Death*) nous reçoit, souriant.

« Certaines photos et descriptions sont en effet très graphiques, et quelques visiteurs trouvent ça trop gore ». Autant être averti.

La première pièce donne le ton : tout en restant tout à fait accessible même à un public sensible, elle est dédiée à la figure du serial-killer, mythe ancré dans l'imaginaire états-unien... bien que les deux créateurs du musée, Cathee Shultz et J.D. Healy, aient aussi récupéré des artefacts européens comme la tête momifiée de Henri Désiré Landru, cet escroc français devenu meurtrier (il tua dix femmes et en arnaqua près de 300, de 1915 à 1919).

Autour de lui, des dessins, des objets et de la correspondance, nombreuse, entre des tueurs en série connus (John Wayne Gacy, Ted Bundy, Richard Ramirez...) et leur famille ou leurs « fans », suivis de la reconstitution d'une chaise électrique, les fondateurs du musée ayant jusqu'ici échoué à en acquérir une authentique.

Après les salles présentant les techniques utilisées par les pompes funèbres à travers les années, les antiquités provenant de différentes morgues autour du monde et les squelettes de chiens ou de girafes, entre autres étrangetés, les premières photos d'autopsies font leur entrée dans cette danse macabre qui, selon les propriétaires (qui ont ouvert en 2015 une antenne à La Nouvelle-Orléans), est censée « vous rendre reconnaissant d'être en vie ».

La montée en puissance de l'horreur de ces images est graduelle, si bien que l'on s'habitue à voir des têtes coupées, des clichés de scènes de crime et d'accidents de voiture ou des tueurs poser avec leurs victimes démembrées. Heureusement, le musée ne fait pas dans le sensationnalisme, son but étant d'éduquer plutôt que de choquer.

En témoigne la salle dédiée à Charles Manson et sa « Famille » meurtrière, relativement sobre. Ou celle évoquant les méfaits de Jeffrey Dahmer, très factuelle, dont les descriptions détaillées font froid dans le dos. À côté, les photographies de suicidés paraissent presque touchantes.

Le cabinet des morts célèbres (et de leurs fidèles compagnons à quatre pattes, dont certains spécimens empaillés sont présents au musée) fait retomber la pression, avant de sortir par la boutique de souvenirs, où les têtes de mort figurant sur les tee-shirts paraissent soudainement bien sages.

HIGH TOWER ELEVATOR ASSOCIATION

Un ascenseur privé communautaire pour les habitants du quartier

2178 High Tower Drive
Tour visible depuis la rue

Attention, énorme coup de cœur ! Un bijou de quartier comme on n'en trouve qu'à Los Angeles, avec une vue panoramique à couper le souffle, un édifice des plus insolites, le tout fréquenté par... quasiment personne. Si seuls les habitants du voisinage ont effet accès à cette drôle de tour de quatre étages figurant une sorte de phare dans le

quartier de Hollywood Heights (moyennant une cotisation mensuelle d'une cinquantaine de dollars, les heureux propriétaires et locataires de maisons alentour peuvent utiliser l'ascenseur privé communautaire se trouvant à l'intérieur, le seul à l'ouest du Mississippi), les rues et les marches, elles, sont bien publiques.

Depuis Highland Avenue, il faut passer par le Highland Camrose Park, avant d'emprunter les marches d'Alta Loma Terrace. Ensuite, une série d'escaliers (pas toujours connectés les uns aux autres) enveloppent la jolie tour sous tous les angles. Tout au long de la balade, bougainvilliers, palmiers et architecture éminemment européenne vous entourent, bien souvent dans un calme souverain troublé seulement par le chant des oiseaux, malgré la présence en contrebas du Hollywood Walk of Fame d'un côté et du vibrant Hollywood Bowl de l'autre. Au coucher du soleil, la lumière souvent magnifique offre un écrin spectaculaire à la ville, dont on peut apercevoir la silhouette jusqu'aux contreforts de Downtown.

Bien que la tour, inspirée de quelque clocher italien, ait été érigée il y a un siècle pour éviter aux habitants des collines de se fatiguer en rentrant chez eux, appartements et maisons rappellent davantage l'âge d'or de Hollywood, entre les années 1930 et 1950. Une bulle hors du temps, donc, dont la tranquillité contraste tellement avec l'animation des collines et marches alentour que sa découverte est un enchantement.

Astuce : si vous êtes trop fauché pour aller assister à un concert au Bowl, vous pouvez tout de même vous joindre à la procession qui se presse vers le mythique amphithéâtre chaque soir d'été, muni de votre panier pique-nique, et bifurquer à gauche juste avant l'entrée, pour aller vous sustenter dans les collines. Quelques bancs vous attendent au sommet.

Des escaliers cachés devenus des stars de Hollywood

Si nos escaliers secrets préférés sont ceux du High Tower Elevator (voir ci-dessus), ils sont loin d'être les seuls. De Silverlake à Pacific Palisades, de Culver City à Beachwood Canyon, d'El Sereno à Echo Park, en passant par Downtown et Santa Monica, les options sont nombreuses pour les obsédés de la randonnée et du cardio. Pour preuve, matin et soir, quelques sportifs aguerris se retrouvent autour de ces escaliers, partout dans L.A. Ils sont parfois difficiles à débusquer, masqués par une végétation encombrante ; mais certains sont devenus des stars de Hollywood, comme le Music Box Staircase (935 Vendome Avenue, à Silverlake, voir page 54), que Laurel et Hardy avaient utilisé en 1932 pour un court-métrage, *The Music Box*, primé aux Oscars.

MAGIC CASTLE

Une expérience véritablement unique

7001 Franklin Ave
(+1) 323-851-3313
magiccastle.com
Tous les jours de 17 h à 2 h ; brunches le week-end de 10 h à 15 h
Métro : Red Line, arrêt Hollywood/Highland

S'il n'est pas à proprement parler secret, étalant sans honte sa devanture kitsch et clairement visible depuis Franklin Avenue, entre le passage qui mène au Hollywood Bowl et le surpeuplé Walk of Fame (les fameuses étoiles des stars, aimants à touristes), Magic Castle

est peut-être l'endroit le plus insolite de ce guide.

Ce secret mal gardé depuis 1963 a notamment la particularité d'être un club très sélect et très chic qui fait à la fois office de restaurant, bar, école et temple dédiés à la magie sous toutes ses formes.

Il est malheureusement (ou heureusement, peut-être) difficile de s'y faire accepter pour y passer une soirée : il ne suffit pas de toquer à la porte en habit de gala.

Cinq solutions s'offrent au visiteur curieux : être membre du club privé (seuls 5000 professionnels de par le monde peuvent s'en targuer), connaître un employé (magiciens inclus), prendre des cours à l'*Academy of Magical Arts* ou être invité par un élève. La dernière option est de séjourner au *Magic Castle Hotel*, un motel amélioré et étonnamment moderne, à deux pas du « vrai » château gothique. Mais on y perd grandement en mystère et en charme.

Une fois la porte – que garde un hibou sculpté – entrouverte grâce à une formule magique à énoncer à voix haute, la vision est proprement enchanteresse : un labyrinthe d'alcôves, de bars intimistes, une grande salle de restaurant à l'étage, une pianiste fantôme qui répond à la voix et joue vos standards préférés, et partout, au bout d'escaliers ou de couloirs étroits, de petits théâtres, en haut, en bas, au sous-sol, certains de dix places assises, d'autres d'une centaine de sièges, où les meilleurs représentants de leur art se succèdent, de 17 h à 2 h du matin. Une sorte de mini-Las Vegas de la magie, casinos en moins et proximité en plus, fort d'une atmosphère de château hanté. Une expérience véritablement unique.

Attention : Magic Castle a sans doute le *dress code* le plus strict de Los Angeles (avec, au hasard, la cérémonie des Oscars) : robes de soirées pour les femmes, costume-cravate et chaussures de ville pour ces messieurs.

Dans la très *casual* L.A., où les cadres travaillent souvent en bermuda, c'est une rareté qui mérite d'être soulignée.

Autre mise en garde si vous décrochez un ticket d'entrée : puisque les barmen sont talentueux et adorables (certains font également des tours de magie), contentez-vous d'un verre : le restaurant, cher, est franchement dispensable.

The Magic Castle Issue

L'ÉTOILE DE MOHAMED ALI

*La seule étoile d'Hollywood sur laquelle il est
impossible de marcher*

*6801 Hollywood Boulevard
walkoffame.com
Métro : Red Line, arrêt Hollywood/Highland*

C'est en 2002 que le boxeur le plus connu de la planète, né Cassius Clay en 1942 et mort en 2016, a obtenu son étoile sur le fameux Walk of Fame, ces quelques blocs du quartier de Hollywood où ont été incrustés les noms des plus célèbres stars du divertissement. Les sportifs n'y sont en effet consacrés que lorsque leurs performances ont été abondamment télévisées ou quand ces derniers ont également contribué au monde des arts, les étoiles ne regroupant que les cinq catégories suivantes : cinéma, musique, radio, télévision et théâtre. Ainsi, par exemple, Magic Johnson, propriétaire d'une chaîne de cinémas après sa carrière de joueur de basket-ball, y est présent. Et c'est la dernière distinction, théâtre, qui fut attribuée à Mohamed Ali (nom francisé de Muhammad Ali), légende qui, non contente d'avoir mis son art, la boxe, sur le devant de la scène, « vécut sa vie comme s'il était sur les planches », selon les dires du comité qui attribue ces sésames brillants. Cependant, c'est loin d'être la seule incongruité liée à sa présence au cœur de cet aimant à touristes.

Si l'endroit, très populaire, ne mérite pas que l'on s'y attarde plus de dix minutes lors d'une première visite à Los Angeles, il est intéressant de remarquer que l'étoile de Mohamed Ali est la seule à ne pas être sur le sol, mais sur un mur, à l'entrée du *Dolby Theatre*, cachée dans un recoin. L'athlète, converti à l'islam en 1964, avait demandé un traitement spécial pour que personne ne puisse marcher sur le nom qu'il partageait avec le prophète issu du Coran. « Je ne veux pas que l'étoile soit foulée par des personnes qui n'ont aucun respect pour moi », avait-il déclaré à la presse lors de son sacre hollywoodien. Il est ainsi la seule star à avoir bénéficié d'une telle faveur, reléguant les 2500 autres étoiles au rang d'aimables détours sans intérêt.

Les nageuses synchronisées du Dolby Theatre

Mohamed Ali et Magic Johnson ne sont pas les seuls athlètes à être présents aux abords du *Dolby Theatre*. Anciennement nommé *Kodak Theatre*, l'écrin de l'annuelle cérémonie des Oscars porte encore, à même le sol, l'un des anciens symboles de la marque de pellicules argentiques et de films cinématographiques : des nageuses synchronisées incrustées dans le marbre noir. Pour les apercevoir, il faut monter quelques étages via l'escalier central et se pencher vers le rez-de-chaussée, au-dessous du puits de lumière.

LE BINGO DE
HAMBURGER MARY'S

La plus ancienne soirée de charité de la ville

Legendary Bingo
8288 Santa Monica Boulevard, 90046 West Hollywood
(+1) 323-654-3800
bingoboyinc.com ouhamburgermarys.com
Mercredi à 19 h et 21 h et dimanche à 18 h et 20 h
Événements supplémentaires certains jeudis soir et dans différents endroits de la ville
$20 pour 11 grilles de loto (consommation facultative)
Réservation hautement recommandée
Accès : US-101 N, sortie Sunset Boulevard

W hat's the name of the game ?
- BINGO !
- And how do we play it ?
- LOUDLY ! »

Une drag-queen métisse aux formes ultra-pulpeuses et au maquillage fuchsia hurle dans un micro, et la foule en délire, attablée, de lui répondre en s'égosillant encore plus fort. Oubliez le loto dominical de mamie Georgette, ici le bingo se joue dans les cris et les applaudissements, et le vainqueur de chaque partie doit courir dans la salle en recevant sur la tête les boules de papier des perdants mécontents. Cinq fois par semaine, la troupe colorée de Jeffery Bowman prend le contrôle de *Hamburger Mary's*, une institution de West Hollywood, le quartier gay de Los Angeles (en réalité une ville à part entière, devenue en 1984 la première municipalité à majorité homosexuelle des États-Unis).

Loin d'être réservée à la communauté, cette expérience est devenue au fil des ans le rendez-vous préféré de quelques fidèles Angelenos, faisant de cet événement caritatif bi-hebdomadaire le plus ancien de la ville. Ici, pas de touristes (pour le moment), que des locaux de tous âges venus s'amuser pour la bonne cause, que ce soit pour aider la recherche sur le cancer du sein, soutenir la visibilité LGBT ou financer un refuge pour sans-abri. La seconde fois où nous nous y sommes rendus, une association de sauvetage de chatons errants, tenue par de vieilles personnes très respectables, récoltait de l'argent. Et la porte-parole de l'association n'a pas hésité à se faire fouetter gentiment, lors d'une fausse alerte au bingo, par une palette de cuir de type BDSM : c'est la règle en cas d'erreur, et personne n'y échappe !

Dans ce bazar bon enfant où les décibels pleuvent, on se pousse des coudes pour déguster des burgers et des salades de bonne facture, accompagnés de cocktails décadents. Mais nul besoin de consommer pour participer à la folie, pour peu que l'on réserve une table et laisse ses œillères à la maison, afin de prendre part au rêve initial de Jeffery Bowman : ouvrir simplement les galas de charité aux classes moyennes.

Le bar-restaurant a aussi une annexe à Long Beach (sans bingo) et d'autres établissements à travers les États-Unis, dont celui de San Francisco, pionnier ouvert en 1972, et devenu depuis un pilier de la communauté et de la culture LGBT.

LA STATION-ESSENCE GILMORE DU *FARMERS MARKET*

Sous la ferme laitière, la surprise de l'or noir

6333 W 3rd Street
(+1) 323-933-9211
farmersmarketla.com
Tous les jours de 9 h à 21 h, sauf le dimanche de 10 h à 19 h

Si *The Grove*, centre commercial à ciel ouvert, est loin d'être synonyme d'authenticité avec ses boutiques clinquantes, son faux tramway kitsch et sa musique omniprésente, le *Farmers Market* adjacent est un vibrant rendez-vous de « foodies », fort de saveurs venues du monde entier.

À l'origine propriété d'Arthur Fremont Gilmore, l'emplacement était une ferme laitière où, dès 1880, quelques agriculteurs voisins commencèrent à louer des parcelles une fois par semaine pour y vendre leurs produits aux habitants. Mais en 1900, en puisant de l'eau pour son cheptel, Gilmore fit une découverte qui allait changer sa vie et son compte en banque : du pétrole ! Adieu ferme et fermiers, la Gilmore Oil Company était née.

Dans une région en plein boom qui allait axer son développement autour de la voiture, l'exploitation pétrolière représenta une manne considérable et durable pour son propriétaire dont les puits, alors les plus productifs de Californie, servirent surtout à paver les routes poussiéreuses de la côte ouest. Puis, après avoir vendu son or noir à toutes les stations alentour via sa marque, dont l'emblème était un lion rugissant, vint la première station-service automatisée où, pratique inédite, on pouvait se servir soi-même. Détail marketing : les pompes étaient transparentes et l'on voyait, à travers les tuyaux, s'écouler le précieux liquide.

La réussite du Salt Lake Oil Field (nom officiel du terrain, situé à cheval sur plusieurs failles géologiques), exploité ensuite par le fils de la famille, E. B. Gilmore, poussa ses propriétaires à se diversifier : courses de voitures, équipes de base-ball et de football américain (les L.A. Bulldogs), films, cirque... avant que le marché fermier réapparaisse, en 1934.

En souvenir de ces années intermédiaires prospères, une station-essence rénovée marque désormais la limite entre le marché et le *mall*. En effet, le puits asséché ne donnait plus que 30 barils de pétrole par jour peu avant la fin de son exploitation, selon son dernier propriétaire, l'entreprise Texaco.

Marilyn Monroe fut sacrée *Miss Cheesecake* au marché fermier en 1953.

Une station-service transformée en Starbucks Coffee

Une autre station-service appartenant autrefois à la famille Gilmore a été transformée en Starbucks Coffee, à l'angle de Willoughby Avenue et Highland Avenue, dans le quartier de Melrose. Elle vaut à elle seule le déplacement, la préservation de la structure initiale étant une vraie réussite.

SEGMENTS DU MUR DE BERLIN

Les plus grands vestiges du Mur au monde hors d'Allemagne

5900 Wilshire Boulevard
(+1) 310-216-1600
wendemuseum.org/programs/wall-project

Annonçons-le d'emblée, pour souligner à quel point ces vestige valent le déplacement : ces dix « segments du mur de Berlin » (*Berli Wall Segments*), réunis devant l'un des musées les plus emblématiques d Los Angeles, sont (en dehors de ceux situés en Allemagne) les vestige les plus importants de ce triste symbole de la Guerre froide. Et s'il n'appartiennent pas au LACMA (Los Angeles County Museum of Art) situé juste en face, mais au Wende Museum, basé à Culver City, il serai tout de même dommage de les rater, étant donnée la proximité avec l Museum Row, le quartier des musées, où siège notamment l'étonnan Petersen Automotive Museum, dédié à l'histoire de l'automobile.

En face du célèbre *Urban Light* (2008), cette installation d lampadaires des années 1920 et 1930 de l'artiste Chris Burden, qu rassemble chaque jour des milliers de fans de selfies, de l'autre côté d Wilshire Boulevard, tout près des food trucks où l'on vient se sustente après une visite de l'impressionnant mastodonte, se trouvent les dix pan

du Mur, recouverts d'œuvres de street art commandées par le Wende Museum en 2009, pour le 20ᵉ anniversaire de sa chute, dans le cadre du bien-nommé « Wall Project ».

Un ours vert passablement énervé, les visages de JFK et de Ronald Reagan, un drôle de bonhomme orange, Nelson Mandela, des bulles éclatantes de couleur, un graffiti digne des rames de métro new-yorkaises ou encore une faille (celle de San Andreas ?) sont autant de motifs presque cartoonesques qui ornent les restes du Mur. De l'autre côté, Captain America veille, accompagné de deux femmes enceintes et de *pixaçãos*, ces tags nés dans l'urgence de Sao Paulo, au Brésil.

Seul l'ours était déjà peint (par le Berlinois Bimer), lorsque les segments de 12 mètres de long firent le voyage vers la Californie du Sud. Les autres artistes sélectionnés se sont chargés de décorer les pans supplémentaires après leur arrivée sur Wilshire Boulevard. Thierry Noir, un Français ayant déjà une longue histoire avec le mur de Berlin (voir page 150), Kent Twitchell, Marie Astrid Gonzales et Farrah Karapetian pour le côté pile, celui de Berlin-Ouest. Retna, D*Face et Herakut ont embelli le côté face, celui auparavant tourné vers Berlin-Est et l'ex-RDA (bien que, dans les faits, deux murs et une zone-tampon militarisée délimitaient à l'époque les deux Berlin). Aujourd'hui, le visiteur est libre de passer de chaque côté de l'ancienne séparation sans se soucier des postes de contrôle.

LA FRESQUE WARNER DE LA SYNAGOGUE DE WILSHIRE BOULEVARD

Des peintures religieuses financées par les célèbres magnats du cinéma

Wilshire Boulevard Temple
3663 Wilshire Blvd
wbtla.org
Visites sur rendez-vous

S ynagogue fréquentée par la communauté juive B'nai B'rith, la plus ancienne de Los Angeles, le Wilshire Boulevard Temple est très facile à repérer sur la plus longue artère de la ville. Son immense dôme de style néo-byzantin, dessiné par A.M. Edelman, se voit en effet de très loin.

Sur rendez-vous, il est possible de la visiter pour admirer notamment l'immense fresque biblique qui s'étend sur presque 100 mètres de long, enveloppant l'entièreté du sanctuaire. Depuis Abraham jusqu'à la « découverte » de l'Amérique par Christophe Colomb, la peinture murale décrit par segments l'histoire et les traditions juives.

Elle a été commandée en 1929 par les frères Jack, Harry et Albert Warner (les Warner Brothers) au directeur artistique Hugo Ballin, qui avait l'habitude de travailler avec eux sur des décors de cinéma. C'est le rabbin Edgar Magnin, impressionné par les cathédrales européennes et par les productions sorties des studios de Hollywood, qui eut l'idée de ces fascinants *murals*, offerts par les frères Warner à la fin des années 1920 et rénovés en 2013 avec une fidélité maniaque à l'œuvre originale.

Au-delà de leur incongrue connexion avec le monde du cinéma et sa grandiloquente imagerie, ces peintures sont également rares dans l'histoire du judaïsme, la Torah interdisant généralement les représentations bibliques dans les temples (deuxième Commandement du Décalogue : « Tu n'auras pas d'autre Dieu que moi. Tu ne te feras point d'idole, ni toute image de ce qui est en haut dans le ciel, ou en bas sur la terre, ou dans les eaux au-dessous de la terre »).

À l'époque, le rabbin avait justifié son choix ainsi : « L'époque où les gens ne pouvaient pas vénérer les images sont derrière nous. Les synagogues sont généralement trop froides, nous avons besoin de plus de chaleur et de mysticisme ». Le pari, osé, est une belle réussite.

16

WILLIAMS ANDREWS CLARK MEMORIAL LIBRARY

L'une des plus importantes collections de livres rares aux États-Unis

UCLA
2520 Cimarron Street
(+1) 310-794-5155
clarklibrary.ucla.edu
Salle de lecture : du lundi au vendredi de 9 h à 16 h 45
Visites guidées sur rendez-vous seulement
CA-110 West, sortie W Adams Boulevard

Un écrin luxueux, de style anglais baroque, à l'image des universités britanniques, pour protéger des livres précieux. « Un soleil brillant qui attire irrésistiblement vers son orbite » les chercheurs et les érudits, selon Clara Sturak, auteure d'un essai touchant sur le charme de l'endroit.

La bibliothèque de livres rares Williams Andrews Clark Memorial, l'une des 12 ailes de l'Université de Californie Los Angeles (UCLA), est un trésor bien caché, et sans doute la moins visitée de toutes.

Rattachée au Centre d'études du XVIIe et XVIIIe siècle de la prestigieuse faculté, elle abrite notamment de magnifiques originaux de Charles Dickens ou de Jean-Jacques Rousseau, des centaines de lettres jamais publiées écrites par Oscar Wilde, et le premier manuscrit relié regroupant toutes les pièces de William Shakespeare...

« Peu importe la valeur des œuvres, elles sont accessibles au public », explique l'un des bibliothécaires du lieu, Scott Jacobs, qui organise à l'occasion des visites privées en petits groupes sur rendez-vous.

Si les salles du rez-de-chaussée, nobles et impassibles, évoquent un savoir figé dans le temps, avec ses étagères de bronze (pour éviter les incendies), c'est au sous-sol, où tous les ouvrages sont consultables, que la magie de la littérature opère, malgré l'œil des caméras. Comment rester insensible aux missives de Wilde envoyées à Alfred Douglas, son amant, à l'écriture fiévreuse ? Ou à des éditions originales de certains poèmes d'Edgar Allan Poe, dont les pages fragiles nécessitent la délicatesse des employés de la librairie pour être effleurées. Pour certaines éditions, on vous montrera simplement comment manipuler, de manière précise et codifiée, les ouvrages. Parfois munis de gants blancs.

Williams Andrews Clark était l'héritier d'une famille ayant fait fortune dans le cuivre dans le Montana. Avocat, il fut aussi le fondateur de l'Orchestre philharmonique de Los Angeles. En 1906, son intérêt pour la littérature le pousse à acheter un terrain dans le quartier de West Adams pour y construire un manoir, une immense bibliothèque et une maison pour ses domestiques. Ayant fait don de la propriété à UCLA en 1926, à sa disparition, huit ans plus tard en 1934, seule la bibliothèque restera debout à son emplacement originel, tandis que la maison sera détruite et les quartiers des employés de maison, déplacés. Aujourd'hui, avec ses 100 000 livres rares, l'endroit est « l'un des plus singuliers de la ville », conclut Scott Jacobs avant de refermer les larges portes de l'édifice.

LA CARDIFF TOWER

17

Des puits de pétrole recouverts d'un trompe-l'œil

9101 Pico Boulevard

Comme en témoigne la présence, près du LACMA, des très populaires La Brea Tar Pits, ces bassins de goudron bouillonnants d'où émergent des maquettes d'animaux préhistoriques (avec un musée attenant), la ville de Los Angeles est assise sur d'innombrables puits de pétrole. Mais à l'exception de ces fameux puits à ciel ouvert, elle semble pourtant en avoir honte... Dans certains quartiers, des structures massives s'évertuent en effet à cacher cette réalité et les activités qu'elle implique. C'est par exemple le cas à Pico-Robertson, une enclave historiquement juive du sud de Beverly Hills, où une tour cache bien son jeu.

Au 9101 Pico Boulevard, un haut immeuble ressemblant à s'y méprendre à un temple est dépourvu de fenêtres. Et pour cause : c'est en fait un ensemble de 40 puits de pétrole recouverts d'une enveloppe en trompe-l'œil. Cette drôle de bâtisse, construite par Occidental Petroleum, est appelée la Cardiff Tower.

Premier édifice de ce genre à L.A., il fut inauguré en 1966 par le maire de l'époque, Sam Yorty, qui déclara en coupant le ruban que la structure était « une contribution exceptionnelle à la beauté urbaine ».

Aujourd'hui, tout le monde n'est pas de cet avis. Depuis plusieurs années, des résidents s'inquiètent de la possible présence de résidus toxiques à proximité de leur lieu de vie. Le rabbin local tente en vain de faire fermer l'exploitation pétrolière, dont bon nombre d'habitants ne soupçonnent même pas l'existence. Il souhaite à la Cardiff Tower un destin similaire à celui de la Tower of Hope, cette immense tour de forage sise au beau milieu du lycée de Beverly Hills. Dissimulée derrière une toile fleurie décorée par les enfants malades d'un hôpital voisin, elle cessa son activité en 2017, après la faillite de l'entreprise Venoco... non sans avoir au préalable rapporté plusieurs centaines de milliers de dollars par an à l'administration. La tour est désormais recouverte d'une immense bâche.

Le Packard Well Site et le puits du Beverly Center font également partie de cette étonnante famille de bâtiments trompeurs dédiés à l'or noir, en plein cœur de L.A.

Des plateformes pétrolières offshore camouflées

À Long Beach aussi, visibles depuis le port, quatre îles artificielles semblent imiter un parc d'attraction ou des tours d'habitation modernes et colorées. Quiconque les a aperçues ne sera pas surpris d'apprendre qu'elles ont été dessinées par Joseph Linesch, architecte qui participa à l'édification du premier parc Disneyland. Surnommées Astronaut Islands, les îles sont en fait depuis 1965 les seules plateformes pétrolières offshore camouflées de tout le pays.

CELLULOID MONUMENT

Un groupe qui s'est battu pour l'indépendance de sa ville

352 South Beverly Drive, Beverly Hills
Visible en permanence depuis les rues adjacentes

Cette étrange statue commémorative de presque 7 mètres de hauteur, en forme de pellicule de marbre et de bronze surmontant des célébrités sculptées, pourrait passer pour un énième hommage de l'agglomération aux héros locaux du septième art, qui façonnent le visage de Los Angeles depuis des décennies. Toutefois, elle a une histoire beaucoup plus politique et, ironiquement, raconte l'histoire d'une rébellion contre la ville tentaculaire. Érigée en 1960, elle rend en fait hommage à la lutte de plusieurs figures du milieu du cinéma pour la préservation de l'indépendance de la ville de Beverly Hills.

En effet, si la « cité des stars » est devenue indépendante en 1914, elle aurait pu perdre ce statut et se faire avaler par la mégapole à peine dix ans plus tard, lorsque cette dernière proposa d'alimenter Beverly Hills en eau potable, le nerf de la guerre en Californie. S'il fait partie du comté de Los Angeles, le riche territoire constitue ainsi une sorte d'enclave, avec son maire et ses propres administrations (tout comme West Hollywood). En 1923, la majorité des résidents, dont huit célébrités qui avaient élu domicile dans ces fameuses collines dès le début du XXe siècle, fit campagne en faveur d'un vote contre une possible annexion. Ils sortirent victorieux.

Au croisement de South Beverly Drive, Olympic Boulevard et South Beverwil Drive, la statue octogonale, discrète malgré sa taille (il y a de grandes chances pour que vous y passiez en voiture et la manquiez), montre Rudolph Valentino, Will Rogers, Mary Pickford, Harold Lloyd, Fred Niblo, Tom Mix, Douglas Fairbanks et Conrad Nagle dans leurs costumes de scène. Chacun d'entre eux est accompagné d'une petite gravure rappelant le nom d'un film qui les a rendus iconiques.

MAISON DE LA SORCIÈRE

L'architecture européenne idéalisée par Hollywood

Spadena House (aussi connue sous le nom de Witch's House)
516 Walden Drive
Propriété privée

Dans l'après-guerre des années 1920, l'essor de l'industrie du cinéma, l'essoufflement de l'ère industrielle et la fascination pour différents courants typiquement européens ont donné naissance au style Storybook, soit « Livre de contes ». Si elles jurent quelque peu dans le décor postmoderne de Los Angeles, ces maisons, que l'on peut aisément dénicher au hasard de pérégrinations architecturales californiennes, ne sont en effet qu'une version hollywoodienne « disneyifiée » de tendances plutôt communes en Angleterre, en France, en Flandre ou en Allemagne, où le style médiéval fit son retour à la fin du XVIIIe siècle.

Comme l'explique Arrol Gellner dans son ouvrage *Storybook Style* dédié à ce courant, « la Grande Guerre a envoyé de nombreux jeunes Américains en Europe pour la première fois, et beaucoup sont revenus sous le charme de l'architecture romantique de la France ou de l'Allemagne ». Passée à la moulinette d'architectes et de directeurs artistiques habitués à travailler sur les plateaux de tournage, cette vision idéalisée a donné lieu ici à des formes biscornues, des toits très pentus, de minuscules fenêtres habillées de vitraux et de volets de guingois, des cheminées sorties tout droit de l'imagination des Frères Grimm et des jardins comme laissés à l'abandon.

Le plus connu d'entre eux était Harry Oliver, directeur artistique qui dessina la Spadena House (du nom de ses premiers propriétaires) en 1921, à l'origine pour un studio de cinéma. Elle connut au fil des ans de nombreuses rénovations, notamment à l'intérieur, sans rien perdre toutefois de son inquiétante structure et de son étang façon douves qui en font une curiosité délicieusement anachronique. Mais elle reste une propriété privée, qu'il faut se contenter d'admirer (et de prendre en photo) depuis la rue.

D'autres édifices Storybook

Il est encore possible de louer ou posséder ces chaumières atypiques, malgré leur façade de décor de cinéma. Au 1330 North Formosa Avenue, Charlie Chaplin avait fait construire en 1923 un ensemble de quatre maisons disponibles à la location (y ont vécu Judy Garland et Douglas Fairbanks, entre autres stars). Walt Disney aurait quant à lui été inspiré par le style du restaurant *Tam O'Shanter* (2980 Los Feliz Boulevard), où l'on peut toujours se sustenter. À Silverlake, au 2900 Griffith Park Boulevard, existe également un ensemble de huit chaumières qui auraient influencé les dessinateurs de *Blanche-Neige et les Sept Nains*, sorti six ans plus tard. Aujourd'hui, ironique renversement des références, ce complexe (qui apparaît notamment dans le film *Mullholland Drive*, de David Lynch) est appelé Snow White Cottages.

O'NEILL HOUSE

Une maison en hommage à Gaudi à Beverly Hills

507 North Rodeo Drive
Visible depuis la rue

Dans un pays où peu de barrières architecturales délimitent ce qu'il est légal de faire construire, Los Angeles a poussé cette absence de régulation à son paroxysme, décuplée par la présence de grosses fortunes promptes à faire sortir de terre leurs visions urbanistes les plus folles. Les styles en présence sont multiples, du Mid-Century au brutalisme en passant par le Storybook ou le Gréco-Romain aux touches kitsch.

À ce jeu de l'originalité à tout crin, Beverly Hills mène haut la main et sa plus étonnante créature est sans doute la O'Neill House, sur la fameuse Rodeo Drive, cette rue où célébrités et fortunes du monde entier viennent étancher leur soif de shopping de luxe sous les palmiers.

Avant que la rue près de Wilshire Boulevard devienne pentue et sinueuse, comme une version miniaturisée (et idéalisée) de Paris avec ses boutiques clinquantes, plus au nord, le long d'impeccables allées, Rodeo Drive est une voie presque normale et l'une des entrées de Beverly Flats, ce quartier de maisons à plusieurs millions de dollars toutes plus improbables les unes que les autres. La première demeure, à l'angle de Park Way, est un modèle du genre.

Art nouveau façon Gaudi, cette structure ne possède presque pas d'angles droits, multipliant les courbes ondulantes et asymétriques. Pourtant, sous le ciment se cachait à l'origine une construction plutôt traditionnelle.

Don O'Neill, son propriétaire, était un marchand d'art passionné par Antoni Gaudi qui, avec sa femme, voulut donner à la dépendance de sa maison la teinte de modernisme fou de l'architecte catalan. Un projet de « rénovation » qui, au fil des ans, s'étendra finalement à la propriété dans son ensemble. Malheureusement, tout comme le visionnaire espagnol, il ne verra jamais la version finale de son fantasme, décédant en 1985, trois avant que son épouse Sandy O'Neill finisse l'ouvrage avec l'aide de l'architecte Tom Oswalt.

Réminiscence du Parc Güell à Barcelone mâtiné d'un gâteau américain qu'on aurait recouvert d'un excès de crème chantilly, l'édifice détonne, même dans un voisinage aussi hétérogène. Le ciment blanc coule des antéfixes, quelques ajouts de *trencadis* (ces mosaïques à base d'éclats de céramique) ornent la façade aux fenêtres ovales, et l'entrée arrière située au niveau de la contre-allée est surmontée d'une statue.

Les Watts Towers, un ensemble de huit tours érigées de 1921 à 1954 par Simon Rodia dans le quartier pauvre qui porte leur nom (au sud de L.A., juste au-dessus de Compton), sont une autre construction en hommage à Gaudi. Désormais victimes de leur succès, elles sont présentes dans tous les guides.

FREDERICK R. WEISMAN
ART FOUNDATION

Peut-être la plus belle collection privée du monde

Holmby Hills (adresse exacte communiquée au moment de la réservation, par téléphone ou par e-mail)
(+1) 310-277-5321
tours@weismanfoundation.org
weismanfoundation.org/home
Visites guidées gratuites du lundi au vendredi à 10 h 30 et 14 h, sur réservation uniquement

Magritte, Picasso, Warhol, Rauschenberg, Rothko, Haring, Cézanne, Giacometti, Noguchi, Calder, Kandinsky, Miró... Au cœur d'une exceptionnelle villa nichée dans les collines se cache tout simplement l'une des plus importantes collections américaines d'après-guerre.

Comble du chic, peu de personnes connaissent son existence.

Né dans le Minnesota, Frederick Weisman était un entrepreneur ayant rencontré un immense succès dans le domaine de la distribution (dans les années 1970, il développa notamment la société Mid-Atlantic Toyota, premier importateur de la célèbre marque de voitures japonaises aux États-Unis).

Amassant au fil des ans une vertigineuse et très cohérente collection d'œuvres d'art contemporain aux côtés de ses deux épouses (Marcia Simon, puis Billie Milam, qui fut un temps conservatrice des institutions locales LACMA et Getty), il acheta en 1982 cette propriété de style Mediterranean Revival afin de partager ses plus belles trouvailles, avec l'idée d'en faire une maison dans laquelle on serait invité à flâner plutôt qu'un austère musée.

Le résultat est spectaculaire, tant les murs, le sol et même les plafonds permettent d'admirer une variété invraisemblable de peintures et de sculptures d'une qualité inouïe et d'une importance artistique capitale. Les plus grands du siècle dernier s'y sont donné rendez-vous, comme happés par la beauté du lieu.

Maison et jardin, ainsi qu'une annexe située sur le campus de l'Université Pepperdine, à Malibu, sont accessibles au public, sur rendez-vous uniquement.

Une partie de la collection se trouve au Frederick R. Weisman Art Museum de Minneapolis, un édifice biscornu situé sur le campus de l'Université du Minnesota. En hommage à l'enfant du pays (qui mourut un an plus tard), la structure a été dessinée en 1993 par Frank Gehry. Elle ressemble d'ailleurs à une version anguleuse du Walt Disney Concert Hall de L.A., chef-d'œuvre du maître, bouclant ainsi la boucle. Plus de 25 000 œuvres issues de collections privées et publiques y partagent la vedette.

VISITE MENSUELLE
DU GREYSTONE MANSION

*Le fameux théâtre d'une scène de crime jamais
élucidé*

905 Loma Vista Drive
(+1) 310-286-0119
greystonemansion.org
Jardins ouverts de 10 h à 17 h en hiver, jusqu'à 18 h en été
Fermeture pour Thanksgiving, Noël et lors de tournages
Manoir visitable sur réservation une fois par mois
Soirées-mystères annuelles : « The Manor »

Spiderman, Columbo, Alias, Austin Powers, The Social Network, Les
Muppets, Air Force One, Mission Impossible, X-Men (les fameux
jardins de l'école du Professeur Xavier), sans compter les innombrables

clips et émissions de télévision : Greystone Mansion, ainsi que le parc qui le cerne, sont sans doute les décors « naturels » de cinéma les plus utilisés par Hollywood. Et pourtant... Si beaucoup de cinéphiles les reconnaissent d'un coup d'œil averti depuis leur canapé, peu de locaux font l'effort de les découvrir réellement, et très peu connaissent leur histoire.

Si le manoir ne se laisse visiter qu'à l'occasion d'événements (musicaux, théâtraux...) ponctuels, ou une fois par mois avec un ranger, le parc, qui est public, gratuit et ouvert toute l'année, permet de goûter au luxe de Beverly Hills sans les stars et leurs paparazzis mais entouré du faste de magnifiques jardins à l'anglaise.

En contrebas s'ouvre une vue superbe sur Beverly Flats et West Hollywood, avec les gratte-ciels de Downtown au loin.

Un assassinat mystérieux, que l'on remet en scène une fois par an

Le style gothique néoclassique du manoir fut le théâtre d'un drame bien réel, lorsqu'en 1929, cinq mois après avoir emménagé, Edward « Ned » Doheny, propriétaire des lieux, aurait été assassiné chez lui par son assistant, Hugh Plunket, qu'on retrouva également mort à ses côtés. La veuve de Ned, Lucy Smith, se remaria et continua à vivre dans ces 55 pièces étalées sur 4300 m², alors que la police et les journalistes enquêtaient toujours sur le mystérieux meurtre du manoir, jamais réellement élucidé.

Chaque année en janvier, il est même possible de participer à une « reconstitution » en costume de la scène menant au crime, lors d'une soirée de type Cluedo grandeur nature, appelée *The Manor*. Car comme toujours à Hollywood, d'autres versions évoquent soit un suicide de l'héritier après de sombres histoires de pots-de-vin impliquant son père, magnat du pétrole, soit une histoire d'amour interdite qui se serait mal terminée...

Le manoir qui inspira un roman... dont l'adaptation y fut ensuite tournée

Le père de Ned Doheny, Edward L. Doheny, inspira en 1927 Upton Sinclair pour l'écriture de son roman *Oil!*, que Paul Thomas Anderson adaptera librement au cinéma en 2007 avec *There Will Be Blood*, dont certaines scènes furent tournées... au Greystone Mansion, comme l'iconique affrontement final dans le bowling, effectivement situé au sous-sol de l'imposante demeure.

LA PLAQUE MARQUANT LE CENTRE EXACT DE LA VILLE

Débusquer ce trésor relève de l'exploit

Franklin Canyon Park

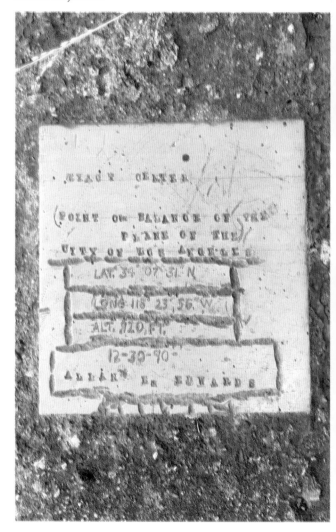

En 1937, dans son autobiographie, l'écrivaine féministe et collectionneuse d'art Gertrude Stein aurait écrit à propos de la ville de son enfance, Oakland : « *There's no there there* ». Une phrase reprise depuis dans le langage courant américain, pour souligner l'absence de caractéristique significative d'un endroit ou d'une situation. « Circulez, il n'y a rien à voir », en quelque sorte. Cet aphorisme est malheureusement très souvent appliqué à ce coin de Californie, Los Angeles étant régulièrement décriée par certains touristes pour son absence d'intérêt et de « centre ». En effet, où se trouve le centre-ville de L.A. ? Est-ce Downtown ? Hollywood ? Santa Monica ? Griffith Park ? Mid-City ? LAX ? Où est caché son authentique centre de gravité ?

C'est pour répondre à cette obsédante question qu'en 1990, Allan Edwards, géologue et guide touristique de son état, a fabriqué de ses propres mains une plaque en métal, qu'il a installée au sol au beau milieu du méconnu Franklin Canyon Park. Jamais reconnue par l'office des Parcs nationaux, elle sert pourtant désormais de centre topographique officieux à la ville.

Pour la débusquer, il faudra s'armer de patience et de courage. Après vous être garé sur le parking principal du parc (une aire poussiéreuse et non pavée, pour être précis), montez à pied sur la deuxième partie du parking, plus en hauteur. De là, empruntez le Chaparral Trail, un chemin très pentu sur lequel il vous faudra rapidement bifurquer vers la droite, après une vingtaine de mètres. Un petit fossé, avec un gros buisson à sa gauche, marque le début d'un autre chemin parallèle, où un charmant pont en bois vous attend. Puis vous retrouverez la promenade principale en son milieu.

Là, un minuscule monticule de terre accueille ladite plaque, dont très peu de locaux et de touristes ont entendu parler au cours de leur vie. Félicitations ! Vous faites partie du club encore plus sélect des rares personnes à l'avoir aperçue. Sur cette dernière sont gravés les mots « *Exact Center. Point of balance of the plane of the city of Los Angeles* », suivis des coordonnées GPS et de la date du 30 décembre 1990. Enfin, la signature d'Allan E. Edwards. Cela ne vous apportera pas grand chose, si ce n'est l'immense satisfaction d'avoir foulé, en pleine nature, le centre d'une agglomération sans centre : finalement, il y a bien un « *there there* ».

RANDONNÉE SUR LE SITE
DE DÉFENSE ANTI-MISSILE LA-96C

Une balade sur les traces de la Guerre froide

San Vicente Mountain Park
17500 Mulholland Drive, Encino
(+1) 310-858-7272
lamountains.com
Ouvert et accessible toute l'année

Lorsque l'on explore le San Vicente Mountain Park, entre Bel-Air et Encino, dans les montagnes au-dessus de Santa Monica, les premiers kilomètres de cette boucle (qui en compte 14) ne dégagent rien de particulier.

Ce n'est qu'en arrivant au sommet, à l'orée de cette section non pavée de Mulholland Drive, que l'œil est attiré par d'étranges vestiges sortis tout droit d'un film de propagande militariste, avec sa plateforme pour radar, ses antennes et sa tour de guet.

Et pour cause ; la vue à 360° s'effectue depuis un véritable site de contrôle de missiles, où les panneaux explicatifs dévoilent la vérité martiale : de 1956 à 1968, en pleine Guerre froide, Los Angeles était entourée de 16 bases anti-avions soviétiques. Des radars et des systèmes informatiques, nommés Nike-Ajax (d'après la déesse grecque de la victoire et le célèbre héros grec), avaient pour but de repousser d'éventuels avions russes en guidant les missiles supersoniques de la base de Sepulveda Basin en cas d'attaque atomique, pour une interception immédiate. Bien sûr, aucun missile ne sera jamais tiré, et la plupart des habitants actuels de la ville ignorent qu'elle était autrefois entourée de bases militaires créant un cercle de protection.

Pourtant, à l'époque, l'apocalypse promise occupait tous les journaux et actualités télévisées. La peur d'une attaque nucléaire venue de l'ouest ou du nord brouillait les esprits, des vidéos incitaient la population à se mettre à l'abri en cas de retentissement de sirène, et des hommes se succédaient sur ces bases à la surveillance des villes, sur ordre du Pentagone.

Dès la fin des années 1960, le programme de surveillance Nike fut rendu obsolète par l'élaboration de missiles balistiques, nouveaux porteurs plus furtifs d'une menace nucléaire toujours prégnante. La base LA-96C, ainsi que les 15 autres, furent offertes à l'État de Californie pour être changées en parcs régionaux, sous l'impulsion d'organismes de protection de la nature qui s'étaient battus pour que ces lieux soient ouverts au public, malgré la réticence du gouvernement américain. Cependant, toutes les bases de surveillance n'ont pas connu le même destin : celle de Malibu est par exemple devenue un camp d'entraînement pour les pompiers locaux, et celle de Fort MacArthur est désormais un musée.

À noter : il est possible d'accéder en voiture à ces impressionnants vestiges de la Guerre froide en se garant directement sur le parking du site, situé à un kilomètre à l'ouest de la section non pavée de Mulholland Drive, pour profiter de l'Histoire en s'évitant une randonnée plutôt difficile.

LA SOURCE SACRÉE
DU PEUPLE TONGVA

Sur les terres des peuples indigènes

Source Serra Springs
11800 Texas Avenue
(+1) 916-445-7000
ohp.parks.ca.gov/ListedResources/Detail/522
Visible en permanence depuis le stade du lycée

Réplique de village Tongva
Heritage Park, 12100 Mora Drive, Santa Fe Springs
(+1) 562-946-6476
santafesprings.org
De mai à octobre : de 7 h à 20 h en semaine, de 9 h à 20 h le week-end
De fin octobre à fin avril : de 7 h à 17 h en semaine, de 9 h à 17 h le week-end
Parc fermé les jours fériés

Avant que les premiers colons espagnols ne s'installent dans la région pour établir la « *mission de l'archange Saint-Gabriel* », quatrième mission espagnole en Californie (initiée vers 1771), le peuple autochtone Tongva vivait sur ces terres depuis plus de 2500 ans. Assaillis, ils furent rapidement contraints de se convertir au catholicisme, puis forcés à déménager sur le site de la mission, où ils furent rebaptisés « *Gabrieleños* », malgré de nombreuses tentatives de rébellion. Auparavant, leurs villages constellaient la côte et le bassin de Los Angeles, formant des sociétés complexes autour des rivières et des sources.

Deux de ces sources sont visibles sur le campus du lycée University, bien cachées dans une sorte de sous-bois en friche, entre des salles de classe et le terrain de sport où s'entraînent les élèves. Pour les apercevoir (à travers un grillage), il faut se garer sur le parking du lycée et marcher le long de la pelouse du stade jusqu'au coin nord-est. Derrière la végétation luxuriante et près d'une plaque discrète portant le numéro 522 (tous les lieux historiques protégés sont numérotés à L.A.) se trouvent les deux sources.

À Sante Fe Springs, une partie de Heritage Park, récemment rénové, abrite la reconstitution d'un site autochtone très important pour les *Natives* de la région. L'habitat original des Tongva a été reproduit au milieu des arbres. Les Tongva n'étant pas nomades, pas de tipi ici, mais une hutte et un canoé fabriqués en saule et en scirpe à tige dure (une espèce de jonc) sont visibles. S'ils ne sont évidemment pas des originaux, ils se trouvent sur la terre que foulaient les ancêtres Tongva avant leur expulsion, dévoilant un émouvant site et donnant une bonne idée de ce à quoi pouvait ressembler la vie des populations précolombiennes dans cette partie du globe.

Le « *musée des Indiens* »... et celui des cow-boys

Les artefacts les plus intéressants de cette culture quasiment disparue se trouvent au Southwest Museum of the American Indian (234 Museum Drive, quartier de Mount Washington), superbe musée ouvert en 1914 par l'anthropologue et journaliste Charles Lummis, à l'origine de la Southwest Society, une branche californienne de l'Institut américain d'archéologie.

Pour avoir accès à l'autre version de l'Histoire, à savoir celles des vainqueurs de cette sanglante conquête de l'Ouest, rendez-vous au Autry Museum of the American West (Griffith Park, 4700 Western Heritage Way), où les cow-boys sont davantage mis en valeur que les Amérindiens.

LES MAQUETTES EN ARGILE DU MUSÉE BHAGAVAD-GITA

Secrets et mystères d'une branche controversée de l'hindouisme

3764 Watseka Avenue
(+1) 310-845-9333; bgmuseum.com
Tous les jours sauf le mardi, de 10 h à 17 h
Restaurant du lundi au samedi de 11 h à 15 h et de 17 h à 20 h 30
Métro : Expo Line, arrêt Palms

Tirée du Mahabharata, épopée sanskrite retraçant tous les épisodes de la mythologie hindoue, la Bhagavad-gita est l'un des textes fondateurs de l'hindouisme. Considérée comme l'un des plus grands poèmes de la planète, elle mêle récits historiques, mythologiques et philosophiques, et est encore révérée de nos jours par des millions de personnes, en Inde et tout autour du globe.

C'est en 1977 qu'un musée abritant 11 maquettes retraçant des saynètes de ce livre sacré ouvrit à Culver City, au cœur d'une communauté Hare Krishna très active. Rappelons que si en Inde ce mouvement est simplement considéré comme l'une des branches de l'hindouisme, en Occident il est très souvent qualifié de secte.

Swami Prabhupada, leader de l'époque et fondateur à New York de l'Association Internationale pour la Conscience de Krishna, était retourné plusieurs fois dans son pays natal afin d'apprendre les techniques en vigueur dans l'Inde ancienne, pour ensuite les rapporter aux États-Unis. Les sculptures en argile furent donc produites sur place par les disciples locaux. Bambou, paille et cosses de riz dessinent des poupées réalistes et aux mines affectées, peintes ensuite à la main et munies pour certaines d'un moteur électrique qui les anime individuellement, le tout en musique.

Dans une pénombre mystérieuse et presque inquiétante, une visite autoguidée de 45 minutes permet de se balader en toute autonomie parmi les maquettes, de lire leur histoire et de s'informer sur le transcendantalisme.

Deux visites guidées, d'une durée de 60 et de 90 minutes, sont aussi au menu : elles permettent de mieux saisir les enjeux et les aspirations de cette communauté méconnue.

La dernière option comprend un déjeuner à savourer chez Govinda, le restaurant végétarien attenant, de très bonne facture. Pour les visiteurs les plus matérialistes, les dévots tiennent également une boutique de souvenirs, pleine à craquer de bijoux, vêtements, instruments de musique, livres ou encore CD dédiés à la culture indienne et ses diverses religions et philosophies. Un voyage étonnant et parfois intimidant dans les méandres de la foi hindoue.

MUSEUM
OF JURASSIC TECHNOLOGY

Un cabinet de curiosités débordant de mystérieuses reliques

9341 Venice Blvd
(+1) 310-836-6131
mjt.org
Jeudi de 14 h à 20 h et du vendredi au dimanche de 12 h à 18 h

Décrire ce musée a tout de la gageure, et c'est bien là l'idée. Le Museum of Jurassic Tecnology se veut un « établissement axé sur la recherche et la reconnaissance du Jurassique inférieur ». Le rapport entre cette mission et ses collections soignées reste encore à trouver.

C'est un fait, les données empiriques sont chose rare dans ce cabinet de curiosités aux allures de dédale, où des fictions alambiquées côtoient avec brio des réalités fantastiques, présentées avec une déférence feutrée quasi-scientifique.

Fondé en 1988 par Diana et David Hildebrand Wilson, artistes et conservateurs de leur état, le Museum of Jurassic Technology se dissimule derrière une devanture anodine à Culver City. Sur deux niveaux, ce temple de l'étrange abrite des centaines de reliques mystérieuses de provenance nébuleuse, chacune brouillant allègrement la frontière entre faits et fiction. Des dioramas reproduisant les mobile homes de Los Angeles, ces habitations nomades prêtes pour une éventuelle apocalypse, la Crucifixion gravée avec finesse sur le noyau d'un fruit, un hommage aux chiens du Programme spatial soviétique ou une collection d'antiques dés en décomposition ayant appartenu au magicien Ricky Jay ne sont que la partie émergée de cet iceberg alchimique.

Venez pour les curiosités, restez pour une tasse de thé dans la paisible volière sur le toit, sanctuaire qui compte parmi les lieux les plus insolites de la ville.

© Sgerbic

L'APPARTEMENT
DE *THE BIG LEBOWSKI*

Le « Duc » a laissé son empreinte partout

608 Venezia Avenue, Venice, CA 90291
Maison visible depuis la rue
Métro : Expo Line, arrêt Palms

*T*he Big Lebowski (1998), film culte des frères Coen, a ses fans inconditionnels qui ne peuvent pas s'empêcher de ressortir les meilleures répliques à chaque conversation.

Si les histoires rocambolesques du « Duc » (*The Dude* en anglais), interprété par Jeff Bridges, le mènent dans différents coins de Los Angeles et dans toutes les strates sociales de la ville, c'est dans cette petite maison que débute son aventure : celle où deux malfrats urinent sur le tapis de celui qu'ils ont pris pour un autre Lebowski. En réalité, il s'agit d'un ensemble de six bungalows de taille modeste, qui ont d'ailleurs été vendus à plusieurs reprises depuis le tournage, la dernière fois en 2012, pour la coquette somme de 2,3 millions de dollars. De nos jours, Le Duc, chômeur oisif fan de bowling, serait bien en peine de payer son loyer dans un quartier pareil, devenu la quintessence du L.A. branché.

Si les intérieurs du film ont été tournés dans des studios d'enregistrement à West Hollywood, la petite rue coincée dans l'interstice entre Venice Boulevard et Abbot Kinney abrite bien les toits pointus peints en blanc de cet « ensemble Big Lebowski », comme l'ont depuis renommé les agents immobiliers. La rue fut également mise à contribution pour figurer dans les scènes où Jeff Bridges est déposé chez lui par la limousine de son riche homonyme, ou encore lorsqu'il découvre qu'un détective le suit.

Pèlerinage pour fans du Dude

Parmi les autres lieux de pèlerinage « big lebowskiesques » que les cinéphiles obsessionnels tentent de débusquer, on peut mentionner la splendide résidence Sheats-Goldstein, merveille d'architecture moderniste, avec son toit en béton gauffré, sise au-dessus de Holmby Hills. Ou encore *Johnie's Coffee Shop*, le *diner* le plus traditionnel qui fût, fermé en 2000 et qui sert maintenant de décor à d'autres productions de Hollywood. Sans oublier la cité engloutie de San Pedro (voir page 222), où les cendres de Donny, joué par Steve Buscemi, sont éparpillées avec difficulté par ses amis. Enfin, le long-métrage prend aussi place dans le salon, les escaliers et les couloirs du Greystone Mansion (voir page 106), propriété incontournable. Autant de marqueurs culturels qui font de Los Angeles un terrain de jeu unique pour les amateurs de chasse aux trésors cinéphiliques, et pas seulement pour les admirateurs des frères Coen.

MOSAIC TILE HOUSE

Une maison folle entièrement recouverte de trencadis

1116 Palms, Venice
cheripann.com/The_Mosaic_Tile_House.html
Samedi de 13 h à 16 h, réservation recommandée
Gratuit pour les enfants de moins de 12 ans

C'est avec un humour communicatif que Gonzalo Duran, artiste installé dans cette incroyable maison de Venice, se plaît, une fois par semaine pendant quelques heures, à faire le tour du propriétaire, en soulignant que le couple qu'il forme avec Cheri Pann vit bien ici tout au long de l'année. Pourtant, dès l'arrivée dans le jardin, la cohabitation entre l'humain et la matière ne semble pas franchement idéale : partout

des éclats de verre, de porcelaine, de céramique, de métal (pour les quelques portes présentes) s'enchevêtrent, pendent des arbres, laissant à peine circuler le visiteur, obligé de se contorsionner pour accéder au patio, à ne rien toucher pour ne pas abîmer la cuisine qui semble si fragile, ou les tableaux délicatement posés.

Le matériau de ces mosaïques uniques est parfois très brut, comme ces poignées de tasses ou des statuettes entières collées ici et là, faisant ressembler maison, atelier et passages à un serpent en mouvement constant, prêt à vous dévorer.

L'arrière-cour est plus aérée, avec ses portraits peints par Cheri et les machines burlesques fabriquées par Gonzalo, qui continue la visite en enchaînant les blagues, avant le rituel des selfies dans l'allée, rendus originaux par des murs couverts d'éclats de verre réfractant sa propre image.

Américaine du quartier de Boyle Heights, Cheri a fait de la couleur sa ligne de vie, peignant et imprimant sans cesse. L'élaboration de cet infini dédale de mosaïques a débuté en 1994, après l'achat de la maison qui comprenait un jardin suffisamment spacieux pour y installer un studio d'artiste. Depuis, l'art a tout colonisé. « On a commencé par la salle de bains, où l'on souhaitait mettre des petits carreaux, et depuis on ne s'est jamais arrêté », abonde Gonzalo Duran, 74 ans, né au Mexique et élevé à East Los Angeles. Le couple espère que leur demeure unique figurera un jour au registre des Monuments Historiques de la Commission de l'héritage culturel de la ville.

En attendant, les *trencadis* façon Gaudi continuent d'éblouir, forme d'art privilégiée d'artistes reconnus qui ne semblent pas le moins du monde se perdre, ni trouver tout cela trop chargé. « Il y a un équilibre dans tout ça, on s'y retrouve », conclut Gonzalo, espiègle.

Phantasma Gloria

Connue sous le nom de *Phantasma Gloria*, une incroyable sculpture de 7 mètres de haut, faite de bouteilles et d'objets en verre, est visible depuis la rue dans le jardin d'une maison du quartier d'Echo Park. Elle est l'œuvre, en constante évolution, de l'artiste Randlett Lawrence (Randy), qui se fera un plaisir de vous faire visiter son Éden coloré, pour peu que vous ayez pris rendez-vous à l'avance. Un bijou.

1648 Lemoyne Street
randylandla.com
+1 213-278-1508
Visites le week-end de 10 h à 16 h

LE POSTE DE SAUVETAGE ARC-EN-CIEL DE VENICE BEACH

Un hommage émouvant sur l'une des plages les plus iconiques de L.A.

Venice Pride Flag Lifeguard Tower
998 Ocean Front Walk, à Venice (au bout de Brooks Avenue)
(+1) 424-330-7788
venicepride.org
Tous les jours de 7 h à 20 h
Métro : Expo Line, arrêt Downtown Santa Monica

Nul besoin de faire partie de la communauté LGBTQI+ pour apprécier l'originalité des couleurs de la tour de sauvetage située à l'extrémité de Brooks Avenue. Avec sa robe arc-en-ciel, cet abri façon *Alerte à Malibu* (*Baywatch* en version originale), qui protège les maîtres-nageurs sauveteurs les plus célèbres de la planète, est certainement le plus instagrammable de toute la côte californienne. D'autre part, son histoire en forme d'hommage est assez particulière et émouvante.

Flashback : l'ouest de la ville fut pendant de nombreuses années un havre de paix pour les populations « en marge » de la bonne société. Mais une fois West Hollywood devenue la première « ville gay » du pays en 1984, un exode vers l'est s'opéra lentement. Le phénomène était tellement important que le dernier bar gay du West Side ferma ses portes en 2016.

Dans l'espoir de faire revivre la communauté à l'ouest de l'autoroute 405, qui sépare deux conceptions très différentes de la vie à L.A., la Venice Pride Organization imagina la même année une série d'événements. Les artistes Patrick Marston et Michael Brunt furent alors mandatés pour repeindre l'une des fameuses tours de sauvetage, historiquement peintes en bleu ciel, lors du Mois des fiertés. Il faut dire que ce bout de plage venait juste d'être rebaptisé Bill Rosendahl Memorial Beach.

Bill Rosendahl était un membre du conseil municipal de 2005 à 2013. Ouvertement homosexuel, il est notamment à l'origine du métro Expo Line qui relie désormais le centre-ville à la plage. Professeur d'université et présentateur télé dans une autre vie avant de se consacrer à la chose publique, il est décédé en 2016. La tour, censée revêtir ses habits de lumière de façon temporaire, fut ensuite sauvée d'une vie banale par l'acteur militant Colin Campbell, qui fit circuler une pétition pour préserver ses nouvelles et chatoyantes couleurs.

La structure étant désormais une installation permanente, quelles que soient vos préférences, enfilez donc votre plus beau maillot de bain pour venir célébrer la diversité à Venice Beach. Et n'oubliez pas votre appareil photo. Vous pourriez bien faire d'une pierre deux coups en capturant dans un même élan l'arc-en-ciel ornant la tour et les fameuses bouées rouges tout droit sorties de l'une des séries les plus iconiques de l'État.

LA FIN « OFFICIELLE » DE LA ROUTE 66

Plusieurs tracés sont possibles

Carrefour de Lincoln Boulevard et d'Olympic Boulevard, à Santa Monica
Les autres adresses sont disséminées de Santa Monica à Needles, dernière ville avant la frontière avec l'Arizona

À la différence des autres états qu'elle traverse, la Route 66, pour mythique qu'elle soit, n'est pas facile à suivre en Californie, et particulièrement en partant de la jetée de Santa Monica, où un panneau très photogénique marque pourtant la fin (ou le début, selon que vous alliez d'est en ouest ou dans le sens contraire) de son tracé. La faute à des « alignements » effectués au fil des ans, notamment lorsque des autoroutes étaient construites autour et au cœur de Los Angeles, qui ont multiplié les tracés possibles, de Downtown à Pasadena. À l'origine, le terminus ne se trouvait pas sur le fameux embarcadère, mais à l'intersection des boulevards Lincoln et Olympic, loin de la plage, avant

qu'une jonction artificielle soit créée jusqu'à l'océan Pacifique.

À cet emplacement initial et révéré par les adeptes et les *bikers*, un *diner* historique à l'architecture Googie, le *Penguin's Coffee Shop*, devenu en 1991 un cabinet dentaire, vient d'être repris par une chaîne de fast food qui a décidé d'y faire figurer en bonne place un panneau indiquant la « vraie » fin de la route, celle de 1936.

Plus à l'est, à Highland Park, autre incongruité : trois passages différents sont envisageables. Un ajustement datant de 1932, une portion le long de Figueroa Avenue (1936-1940) et enfin, un passage vers Arroyo Seco Parkway (1940-1964), avant que cette route verte devînt la première autoroute longeant le corridor 66.

Mais s'ils ne sont pas les plus spectaculaires, les premiers kilomètres menant à Needles, la dernière ville avant la frontière avec l'Arizona, cachent quelques spots intéressants, que ce soit les manoirs et les signes en néon de Pasadena, le *Wigwam Motel* en forme de tipi, le premier *McDonald's* des États-Unis (depuis transformé en musée à la gloire des deux frères fondateurs de la restauration rapide, Richard et Maurice McDonald) à San Bernardino, ou les kiosques en forme d'oranges à Fontana. Tous portent les traces indélébiles de la Route 66 dans leur ADN.

GRUNION RUN

Quand la plage scintille au clair de lune

*Sur de nombreuses plages du comté de Los Angeles et dans toute la Californie
du Sud, de fin mars à début juin
Programme et meilleurs spots à retrouver sur californiabeaches.com*

Entre fin mars et début juin, au beau milieu de la nuit, la plage de Santa Monica s'anime régulièrement de grappes de personnes emmitouflées, coiffées de lampes frontales et munies de seaux. Des familles entières se rassemblent pour tenter d'attraper un poisson que l'on ne trouve qu'ici : le grunion.

« Les grunions (*Leuresthes tenuis*) sont des poissons osseux de la famille '*Atherinopsidae*' », dixit Wikipédia. Natifs de la côte pacifique, sur une bande qui s'étend de la baie de Monterey à la Basse-Californie (au Mexique), ils ressemblent à de petites sardines ou à des civelles – l'alevin de l'anguille.

Mais au-delà de leur caractère endémique, c'est leur fascinant mode de reproduction, exclusivement nocturne, qui offre chaque année aux pêcheurs et aux curieux un événement unique (et réglementé) : pendant quelques semaines, des centaines de milliers de poissons femelles viennent volontairement s'échouer sur le sable pour y déposer leurs œufs, avant que les mâles ne les fécondent, eux aussi hors de l'eau. Le résultat est spectaculaire : certaines plages du comté se mettent alors à scintiller d'innombrables poissons minuscules frétillant sous le clair de lune.

Dans son récit *Grayson* (*Le Cri de la baleine*, en français - 2007), Lynne Cox, célèbre nageuse professionnelle en eau libre devenue auteure, décrit avec moult détails le processus et l'événement qu'il suscite : « Quand la femelle a atteint la plage, elle creuse un trou avec sa queue, se tortillant dans le sable humide jusqu'à être enterrée au niveau de la bouche. Puis elle relâche jusqu'à 3000 œufs d'un seul coup et un mâle vient s'enrouler autour d'elle avant d'émettre sa laitance pour les fertiliser. Les œufs vont ensuite incuber pendant dix jours dans le sable tiède (...) C'est un événement important en Californie du Sud. L'été, je rejoignais souvent mes amis et on s'installait sous des couvertures au bord de la plage pour attendre les grunions. »

Elle explique également que l'on peut très bien s'amuser à les attraper pour les relâcher aussitôt. Rien n'oblige à les déguster en friture après avoir apprécié le spectacle. De fait, les autorités locales encouragent les participants de plus de 16 ans à se munir d'une licence de pêche et à attraper uniquement un nombre « raisonnable » de poissons, pour éviter le gaspillage et ne pas causer un possible déséquilibre environnemental.

Notons qu'afin de respecter au maximum ce miracle de la nature, il est également interdit de faire un trou dans le sable pour y piéger les grunions, sous peine d'amende. Enfin, il est vivement recommandé de rester le plus silencieux possible et de ne pas utiliser de lumière trop vive, type lampe torche.

LA MAISON DE FRANK GEHRY

La résidence privée du maître

Gehry Residence
1002 22nd Street, Santa Monica
foga.com
Visible toute l'année depuis la rue

Difficile de dire, lorsque l'on arrive à l'angle de la 22ᵉ rue et de Washington Avenue, à Santa Monica, à quel type d'architecture on a affaire quand on aperçoit cette maison typique de banlieue américaine réhaussée de pans de métal et de fenêtres asymétriques aux armatures en bois. Une chose est certaine : le premier nom d'architecte qui vient en tête ne peut être que celui de Frank Gehry, tant sa patte est d'emblée reconnaissable. Le créateur nord-américain le plus célébré de sa génération a longtemps vécu ici : c'est cette résidence qui a propulsé sa carrière à la fin des années 1970.

Aluminium et clôtures à l'aspect bon marché se disputent l'espace, couplés à d'immenses verrières penchées qui laissent apparaître la structure originale de la maison, plutôt modeste. Elle rappelle à la fois le Walt Disney Concert Hall, situé *downtown*, écrin de prestige de l'orchestre philharmonique de Los Angeles, aux panneaux ondulés, mais aussi la fondation Louis Vuitton, à Paris, et son toit vitré en forme de carapace : deux des plus iconiques réalisations du maître.

Dans une moindre mesure, les tons terre sont une réponse aux actuels locaux de Google, immeubles originellement dessinés à Venice Beach pour l'agence de publicité Chiat/Day en 1991, avant que Gehry réalise son grand œuvre pour la ville de L.A. Aisément identifiable, la structure de Gehry siège à côté de l'immense sculpture d'une paire de jumelles (une œuvre d'art de Claes Oldenburg et Coosje van Bruggen), au 340 Main Street.

Le bungalow des années 1920 qui lui sert de résidence n'a pas la majesté des réalisations qui suivirent, mais il montre de façon assez nette les bases du mouvement déconstructiviste. Bien sûr, comme toute audace architecturale, elle fut longtemps détestée avant d'être adoptée, notamment par les voisins qui s'amusaient à déverser le contenu de leurs poubelles dans le jardin. Quelle a dû être leur déception quand ils constatèrent, au fil des ans, que l'illustre résident changeait la face de la ville à jamais, en multipliant les projets dans ce coin du sud de la Californie, devenant de plus en plus connu et reconnu.

Cependant, depuis des années, l'architecte disait vouloir « se libérer et libérer sa famille de l'emprise de cette excentrique résidence » et de sa forte charge symbolique en construisant une autre maison à Santa Monica. Ce projet, aux formes plus traditionnelles mais toujours marqué par le post-modernisme, est désormais la nouvelle demeure de l'architecte.

THE EAMES HOUSE

Comme un origami réalisé par Mondrian

Case Study House n°8
203 North Chautauqua Boulevard, 90272 Pacific Palisades
eamesfoundation.org/house/eames-house - (+1) 310-459-9663
Réservation obligatoire (au moins 48 heures à l'avance)
Extérieurs : $10, gratuit pour les étudiants - Intérieur : $250 pour 1 à 2 pers.

Ray et Charles Eames formaient assurément le couple de designers le plus important du XXe siècle. Leur iconique mobilier (notamment

le fauteuil Eames Lounge Chair, dont 6 millions d'exemplaires ont été vendus dans le monde depuis sa création en 1956) a fait se télescoper design pointu et production de masse.

Le programme des Case Study Houses, expérience architecturale essentiellement californienne visant, entre 1945 et 1966, à construire des maisons individuelles économiques et fonctionnelles, vit Charles Eames et Eero Saarinen dessiner un édifice moderniste de béton, de métal noir et de verre, habillé de panneaux peints aux couleurs primaires, comme un origami qui aurait été réalisé par Mondrian. « Les maisons doivent pouvoir être reproduites et en aucune façon être des créations particulières », annonçait le programme de l'époque, qui donna naissance à 36 projets atypiques, au croisement du design le plus simple et des aspirations les plus nobles.

Cette Case Study House n°8, sise à Pacific Palisades, deviendra dès 1949 l'habitation personnelle du couple Eames, qui la modifia pour s'approprier l'espace et y créer des prototypes d'objets du quotidien. Une sorte de maison-atelier en constante évolution, dont le cœur battait au rythme de ses habitants, exigeants dans leur simplicité. Ils y resteront jusqu'à leurs décès respectifs, en 1978 et 1988.

Aujourd'hui, elle est un musée, mais ce dernier sait se faire désirer. Pas de parking (il faut idéalement s'y faire déposer), réservation obligatoire au moins 48 heures à l'avance – une semaine à l'avance est hautement recommandé –, photos interdites à l'intérieur de la maison, dont la visite est fixée à un prix élevé... les règles sont strictes.

Mais la visite est une expérience unique : les feuilles des arbres jouent avec les murs de verre depuis le jardin, le son des oiseaux emplit l'espace, les odeurs des matières brutes sont partout, la nature est omniprésente, rien ne semble jamais avoir été terminé, tout semble radical et pourtant, c'est bien une maison à vivre...

On se sent chez soi, loin de chez soi. Comme dans un musée intérieur, ouvert aux quatre vents.

RANDONNÉE À MURPHY RANCH

Un camp nazi abandonné

Sullivan Fire Rd, Pacific Palisades
Via Casale Road, au nord de Pacific Palisades, via Interstate 405 ou Highway
1 (CA-1 N)
Accessible toute l'année
Gratuit

À Los Angeles, le *hike* est une religion. Ce n'est pas à proprement parler une randonnée de montagne au sens où on l'entend habituellement, avec bivouac et sacs à dos de 30 kilos, mais plutôt une balade sportive sur les hauteurs de la ville pour une matinée ou un après-midi, histoire de se détendre, et parfois d'observer ou d'être vu, les stars

partageant le même hobby que les quidams.

En effet, aux entrelacs de béton des échangeurs et des constructions qui représentent le cliché le plus communément admis lorsqu'on évoque la « capitale » de Californie du Sud, répond un ensemble de collines, de sommets et de canyons qui permettent aux habitants d'échapper au flux de la ville en un quart d'heure, top chrono. Une fois dans les plis de la terre, les surprises sont nombreuses.

Il n'est pas rare de croiser des coyotes, les *mountain lions* (pumas) guettent le visiteur de loin et la flore caractéristique des climats semi-arides prend le dessus. Plus un bruit, le dépaysement est assuré.

Mais à ce petit jeu, Murphy Ranch tient le haut du pavé. Imaginez : un chemin suffisamment escarpé pour éprouver les chevilles, 500 marches artificielles qui s'enfoncent dans les profondeurs d'un canyon, et soudain, de vieilles structures, autrefois habitables, que la végétation et les graffitis ont recouvertes. Et une histoire… quelle histoire !

Elle ramène dans les années 1930, bien avant que Charles Manson et sa « Famille » ne sèment la terreur dans les environs. Avant la Seconde Guerre mondiale, Herr Schmidt, un mystérieux Allemand, aurait suggéré à un riche couple des environs, Winona et Norman Stephens, de bâtir une cité idéale et auto-suffisante pour se préparer à l'avènement d'un règne nazi global, qui allait supposément s'étendre jusqu'aux États-Unis, à l'issue d'une guerre remportée par les troupes allemandes. L'idée était de construire une base cachée pour servir la cause et se réfugier en cas de chute du gouvernement américain. Quand les États-Unis entrèrent en guerre en 1941, le chantier, dont les vestiges se découvrent aujourd'hui, s'arrêta net. Le manoir de quatre étages, miroir du faste de la haute société nazie, ne sortira jamais de terre, et 50 personnes seront arrêtées au ranch juste après l'attaque de Pearl Harbor.

Terrain de jeu favori des graffeurs locaux, souvent grillagée par la mairie qui calfeutre aussi les entrées des bâtiments avec des planches, la randonnée de 6,5 kilomètres aller-retour est une exploration des affres du temps, quasiment en mode urbex (*urban exploration*), puisque de nouveaux promeneurs rouvrent le passage, promis à la destruction, de manière régulière.

À Topanga Canyon, une fois passés la grille, le premier sentier humide et les marches, on découvre les murs de la grange et ceux d'une centrale électrique, semblables à des bunkers de fortune, qui sont désormais colorés, de guingois, après avoir été abandonnés pendant des années. Même chose pour les dalles de béton qui figuraient autrefois des jardins. Les restes d'un hangar et d'un réservoir complètent l'ensemble. La fraîcheur s'invite ici plus tôt que dans la vallée, chargeant l'endroit d'ondes sinistres et invitant les fantômes d'une uchronie effrayante le temps d'une randonnée hantée.

LES LIEUX DE TOURNAGE ABANDONNÉS DE LA SÉRIE M*A*S*H

À *Malibu, les vestiges d'une guerre de Corée fictionnelle*

Malibu Creek State Park
1925 Las Virgenes Road, Calabasas, CA 91301 (puis randonnée sur Crags Road)
(+1) 818-880-0367
malibucreekstatepark.org/MASH.html
Parc ouvert du lever au coucher du soleil

Vues imprenables, pics escarpés, randonnée au milieu des sycomores, escalade, piscine naturelle en pierre volcanique, barrage, collines recouvertes d'herbes ou de chaparral, ruisseaux... Au nord de la ville qui lui donne son nom, le Malibu Creek State Park, dans les montagnes de Santa Monica, offre 32 kilomètres carrés de nature exceptionnelle, habitée autrefois par les Indiens Chumash. C'est ici que la série *M*A*S*H* (pour « Mobile Army Surgical Hospital »), jalon mythique de la télévision américaine aux multiples récompenses, fut filmée de 1972 à 1983. Les studios 20th Century Fox y possédaient en effet un ranch qui servit donc de décor au tournage de cette comédie dramatique suivant le quotidien d'une unité chirurgicale de campagne, prétendument installée en Corée pendant la guerre. De fait, les 251 épisodes de cette satire n'ont pas laissé des traces que dans les mémoires.

Des véhicules à la signalétique en passant par les tables, de nombreux accessoires furent abandonnés sur place lorsque le studio fit don du ranch à la ville. Les randonneurs de la région, friands de cet admirable chemin, commencèrent alors à passer rendre un hommage aux vestiges. Dévorés par la rouille, ils bénéficièrent d'une restauration dans les années 2000, jusqu'à ce que le Woolsey Fire de novembre 2018 endommage à nouveau une partie du site.

© Marty B

Il est cependant toujours possible de s'y rendre, en suivant Crags Road, passage principal et randonnée de 7,5 kilomètres (léger dénivelé de 60 mètres), après s'être garé sur 1925 Las Virgenes Road. Les restes du tournage de *M*A*S*H* sont visibles à mi-chemin environ. À noter que des routes alternatives existent, comme le South Grassland Trail et le Cistern Trail.

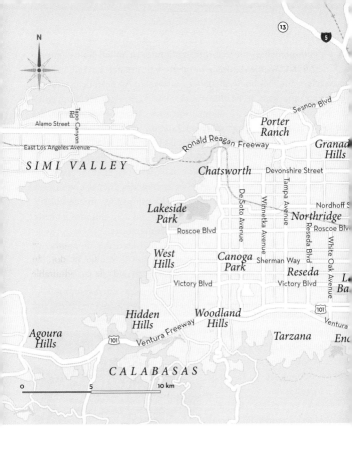

Vallée de San Fernando

BAXTER STREET

L'une des rues les plus pentues des États-Unis

Accessible en permanence

Si San Francisco, originellement construite sur sept collines, a la réputation d'être la ville comptant le plus de rues en pente, Los Angeles, malgré son image de grandes allées plates et monotones à peine troublées par les néons et les palmiers, n'est pas en reste, loin de là : les multiples canyons qui composent les quartiers moins accessibles de la

ville cachent des passages étonnants, que ce soit à Highland Park, San Pedro ou encore, comme ici, à Silverlake, près du réservoir.

Avec sa pente à 32 % (équivalent à 18° environ), Baxter Street, située tout près de l'autoroute 2, est tout simplement l'une des rues les plus pentues des États-Unis, causant même, lors des rares averses qui arrosent la ville, de nombreux accidents. En 2018, les habitants, fatigués de voir des voitures terminer leur course dans leur jardin ou contre leur clôture, ont même écrit aux autorités et aux fabricants de GPS et d'applications mobiles pour demander des aménagements, ici concernant le sens de circulation, là pour que les algorithmes évitent leur rue à tout prix. Un camion de pompiers s'étant également retrouvé coincé sur la crête, des discussions sont en cours pour trouver une solution viable et des chemins alternatifs.

Les 10 rues les plus pentues des USA

Encore plus folles, Eldred Street (près de Mount Washington) et la 28ᵉ rue (à San Pedro) affichent respectivement 33 % et 33,3 % de pente au compteur, mais elles ne sont pas aussi longues et fréquentées que leur grande sœur de Silverlake. Ce trio de tête aux statistiques impressionnantes fait de l'État de Californie le détenteur de sept des dix rues les plus pentues du pays (une quatrième, Fargo Street, se trouvant ainsi à Los Angeles, deux à San Francisco et la dernière à Spring Valley). Juste pour pouvoir frimer au Trivial Pursuit : les trois autres se trouvent à Honokaa (Hawaii) et Pittsburgh (Pennsylvanie). Et de dix !

La rue la plus courte et la rue la plus longue de Los Angeles

Bande de 13 pieds, soit moins de 4 mètres, connectant dans le quartier de Pico-Union Alvarado Terrace et South Bonnie Brae Street, Powers Place a été nommée d'après Pomeroy Wills Powers, un avocat originaire de Kansas City devenu conseiller municipal. Rue la plus courte de L.A., elle laisse à peine à une voiture la place de faire un demi-tour bien serré.

La rue la plus longue de L.A. est l'incontournable Sepulveda Boulevard : ce mastodonte, dont certains tronçons portent le nom de Highway 1 (la fameuse route qui longe l'océan Pacifique), s'étend sur 42,8 miles, soit 68,9 kilomètres, de Long Beach à San Fernando.

MUSÉE DE LA TERRE SAINTE

*Par l'explorateur qui aurait inspiré le personnage
d'Indiana Jones*

*Holyland Exhibition
2215 Lake View Avenue
(+1) 323-664-3162
Tous les jours de 7 h à 19 h
Visite guidée d'une durée de 2 heures, sur rendez-vous uniquement (téléphoner
au préalable)*

Hollywood attend que les gens meurent, et ensuite il s'approprie leurs histoires sans devoir rien payer aux ayants droit ».

C'est avec une pointe de malice et de déception que Betty Shepard, guide atypique, débute la visite du musée le plus improbable de Los Angeles.

Secret, caché, quasiment privé puisqu'il n'accueille certains jours aucun curieux, il est pourtant l'écrin de trésors inestimables depuis 1924. Et surtout, il est rendu fascinant par les rumeurs persistantes sur le fait que son fondateur, Antonia F. Futterer, aurait servi de modèle à George Lucas pour écrire le personnage du Dr Henry Walton Jones Junior, plus connu sous le nom d'Indiana Jones, archéologue de son état.

Futterer, lui, était un autodidacte. Ayant échappé de peu à la mort à l'âge de 24 ans (sauvé, selon la légende, par la Bible), il devint mystique et se mit en tête de retrouver l'Arche d'Alliance (« Lost Golden Ark of the Covenant »), le fameux coffre qui contiendrait les Tables de la loi données à Moïse sur le mont Sinaï. Pour ce faire, il s'installa en Palestine, puis à Jérusalem, non sans rapporter de ses autres voyages une multitude d'artefacts syriens, éthiopiens, égyptiens, israéliens, palestiniens... Aujourd'hui, il serait qualifié de « pilleur de tombes », mais à l'époque, il jouissait d'une liberté certaine pour accomplir l'œuvre de sa vie. Et s'il ne trouva jamais l'arche (que certains situent aujourd'hui en Éthiopie, dans la région d'Axoum), le reste de son trésor est à découvrir dans cinq pièces recouvertes du sol au plafond d'objets de collection parfois sans queue ni tête, avec comme points communs les multiples interprétations de livres sacrés, principalement des religions monothéistes.

La chambre dédiée à la Syrie est pleine de mobilier en marqueterie d'une incroyable finesse, fabriqué à Damas. Une table de jeu qui décore le centre de la pièce, incrustée de nacre, vaut à elle seule le détour. Une autre chambre fait la part belle aux secrets des pharaons (sarcophage millénaires inclus), une troisième à l'archéologie, avec, parfois, des objets à l'origine discutable...

Quant à l'immuable boutique de souvenirs, à l'étage, elle est une réplique des souks que l'on peut trouver de Jérusalem à Beyrouth, avec ses tapis, ses bijoux et ses lampes. Au rez-de-chaussée, l'auditorium contient une intéressante représentation graphique simplifiée de la Bible, un authentique exemplaire du Livre datant du XVIIIe siècle, ainsi qu'une carte du monde tentant (avec maladresse) de retracer les différentes lignées de l'humanité. Habillée en bédouin, notre guide passe de pièce en pièce avec grâce et, étonnamment, ne se prend trop pas au sérieux, malgré la solennité du lieu. « Je crois bien que Jésus n'approuverait aucune des religions monothéistes s'il revenait sur Terre aujourd'hui », conclut-elle avec un sourire.

PROMENADE
SUR LA LOS ANGELES RIVER

La reconquête d'une rivière bétonnée

Dans le comté, 82 kilomètres de longueur, de Calabasas à Long Beach
lariver.org (informations générales)
Location de vélos : Coco's Variety Bike Shop. 2427 Riverside Drive, CA 90039
(+1) 323-664-7400 ; cocosvariety.com
Tous les jours de 10 h à 18 h
Canoës et kayaks : (+1) 323-392-4247 ; lariverexpeditions.org
Paddles : paddlethelariver.org et lariverkayaks.com

Une rivière à Los Angeles ? Pour les non-natifs, cette information fut longtemps considérée comme une aberration, alors que ce cours d'eau s'étend sur près de 82 kilomètres, de Calabasas à Long Beach, tout en contournant Griffith Park. Et pour cause, la Los Angeles River a longtemps été délaissée, devenant un no man's land peu fréquentable parfois utilisé comme simple décor de film : la voiture de Ryan Gosling y fait notamment des excès de vitesse dans *Drive* (2011).

Mais depuis quelques années, elle a été remise à la mode par de nombreux programmes de restauration ayant abouti, en 1997, à l'inauguration d'un premier tronçon de piste cyclable. Aujourd'hui, les vélos peuvent emprunter deux segments : un sentier qui, partant des studios Walt Disney, longe l'autoroute 5 jusqu'à Elysian Park et est parsemé de cafés, tel le *Spoke Bicycle Cafe*, à Frogtown, où le cycliste peut faire réparer son vélo en dégustant un sandwich. Le second segment, long de 20 miles (soit 32 kilomètres), s'étend de Commerce à Long Beach.

Pour ceux qui ne portent pas les deux roues dans leur cœur, d'autres options sont offertes pour découvrir cette rivière en forme de virgule : des sentiers pédestres et équestres plus ou moins longs où l'on observe une faune variée de volatiles (canards, grand héron, cormoran...), des coins pour pêcher, ainsi qu'une exploration en kayak ou canoë. Déclarées « eaux navigables » en 2010, les méandres de la Los Angeles River sont ouverts aux sports nautiques sur deux parties (Elysian Valley et San Fernando), de Memorial Day (fin mai) jusqu'au 30 septembre.

Autant d'options qui ont contribué à redorer le blason de ce patrimoine autrefois luxuriant, qui avait détruit une partie du développement urbain sur son passage. En effet, en février 1938, une importante pluie l'avait fait déborder, inondant les alentours. Ce fut la fin de la rivière naturelle. Pour protéger les riverains, la ville décida alors de faire couler une dalle en béton au fond de son lit, et de l'encercler de clôtures, la transformant en « autoroute » destinée à protéger les habitants.

Une appellation malheureusement remise au goût du jour après les longues périodes de sécheresse que connut l'État, quand la rivière se retrouva régulièrement à sec. Lui rendre hommage en la pratiquant de nouveau est le moindre des cadeaux que l'on puisse lui faire, pour lui redonner un semblant de vie.

LES TOMBES DE CAROLE LOMBARD ET CLARK GABLE

Un parfum de scandale au cimetière

Forest Lawn Cemetery
1712 South Glendale Avenue, Glendale
(+1) 888-204-3131 (depuis les États-Unis) ou (+1) 323-254-3131 (depuis
l'international)
forestlawn.com/parks/glendale
Tous les jours de 8 h à 18 h

Comme toutes les histoires hollywoodiennes, y compris celles qui unissent les cœurs des stars du cinéma loin des écrans, celle-ci est remplie de mystères et de non-dits difficiles à déchiffrer.

Deux des comédiens les plus aimés et reconnus des années 1930, qui plus est mariés pendant six ans, sont enterrés côte à côte : jusque-là, rien de bien anormal.

Mais lorsque les patronymes de leurs amours passées sont également présents à quelques centimètres de là, dans la même crypte du même cimetière, cela devient franchement plus intéressant : vous tenez ici la parfaite excuse pour vous rendre au sublime Forest Lawn Cemetery, à Glendale, où sont par ailleurs enterrées une multitude de célébrités.

Balade bucolique qui vaut à elle seule le détour, mais aussi ultime hommage à diverses figures du divertissement (Michael Jackson, entre autres, repose ici), Forest Lawn est une institution.

En 1942, suite à la mort accidentelle de Carole Lombard, actrice la

plus importante de sa génération, Clark Gable, qui se trouvait alors sur le tournage de *Je te retrouverai* (*Somewhere I'll Find You*), est inconsolable. Finissant à grand peine le film, l'inoubliable Rhett Butler d'*Autant en emporte le vent* (*Gone with the Wind*) perd 20 kilos, sombre un temps dans l'alcoolisme et s'engage dans l'armée, selon la version officielle. Décédé à son tour en 1960, il sera enterré aux côtés de celle qu'il avait toujours qualifiée « d'amour de sa vie ». La tombe de Carole Lombard porte par ailleurs l'inscription « Carole Lombard Gable ».

Sauf que Clark Gable s'était entre temps remarié deux fois, sa dernière noce l'unissant à Kathleen « Kay » Williams, qui lui donna son unique fils biologique, né après le décès de l'acteur, alors même qu'il avait toujours refusé d'aider à l'éducation de Judy Lewis, la fille qu'il avait eue avec Loretta Young. Kay Williams, devenue Gable lors du mariage, est donc enterrée quelques tombes plus loin.

Mais de leur côté, les fans de Carole Lombard soutiennent que le caractère volage de Gable, et surtout une liaison supposée avec Lana Turner durant le fameux tournage, est la raison pour laquelle la comédienne aurait souhaité écourter une tournée avec les troupes américaines (alors engagées dans la Seconde Guerre mondiale), avant que son avion ne s'écrase après un ravitaillement à Las Vegas, le 16 janvier 1942. Ce matin-là, elle avait refusé à sa mère, qui mourut dans le même accident et repose non loin, de prendre le train. D'autant que, selon l'actrice elle-même, son seul véritable amour était un certain Russ Columbo, un jeune chanteur rencontré alors qu'ils n'avaient que 25 ans et mort prématurément en 1934, un an plus tard. Et où est donc enterré ledit Russ ? À quelques mètres, dans la crypte d'en face. Pratique.

MUSÉE DU NÉON

Un art voyant revenu à la mode

Museum of Neon Art (MONA)
216 S. Brand Blvd, Glendale
(+1) 818-696-2149
neonmona.org
Du jeudi au samedi de midi à 19 h, le dimanche de midi à 17 h
« Neon Cruise » : quelques dates par an, réserver sur le site web

Difficile de trouver artisanat plus iconique que celui des néons à Los Angeles où, dès les années 1920, ont fleuri sur les façades et les toits des immeubles des signes commerciaux au design voyant, dans le but premier d'attirer le conducteur dévalant les avenues à bord de sa voiture-reine. Ringardisés à la fois par les liens étroits de leur imagerie avec celles des films noirs, du banditisme, des motels dangereux et des bars malfamés, puis à la fin des années 1980 par la désaffection pour l'esthétique flashy en vogue, ils font un retour triomphant depuis le début du nouveau millénaire, à la fois comme forme d'art réhabilitée (redevenue cool avec notamment des pièces modernes à nouveau en production), comme vestiges historiques et comme affirmation d'un passé glorieux et créatif.

Après avoir passé 34 ans *downtown*, le Museum of Neon Art a réouvert en 2016 à Glendale, dans un espace tout neuf qui, s'il n'est pas suffisamment grand pour accueillir l'entièreté de la collection pléthorique, a le mérite de faire tourner les pièces de manière régulière.

Arts électrique et cinétique ont aussi droit de cité, dans un festival de lumières clignotantes ou fixes. À la frontière de la physique et de la chimie, l'art du néon sous toutes ses formes est mis en valeur avec goût, du fameux chapeau du restaurant *The Brown Derby* aux horloges plasma, en passant par des thématiques renouvelées chaque trimestre (femmes, voitures...).

Pour le repérer, rien de plus simple : une immense nageuse sauvée de la destruction du *Virginia Court Motel* de Meridian (Mississippi) orne le toit du musée. On peut d'ailleurs retrouver une copie de cette dernière, plongeant en plein West Hollywood (il est assez aisé de s'amuser à la débusquer en conduisant sur Santa Monica Boulevard).

Apprendre à fabriquer soi-même un néon

Le MONA a eu la remarquable idée de proposer des ateliers et des cours où l'on peut apprendre l'art du néon en s'exerçant à fabriquer soi-même des pièces uniques.

Faites une Neon Cruise

Une à deux fois par mois, de mai à octobre, le MONA propose une Neon Cruise, à savoir un tour hors-les-murs dans un bus à deux étages, au cours duquel un anthropologue et un guide expliquent en détails l'histoire, la chute et la renaissance de ces signes à travers la ville, du quartier des banques à celui d'Hollywood. Une épopée passionnante, ludique et érudite, loin des surpeuplés tours guidés promettant d'apercevoir les villas des stars (et durant lesquels on aperçoit surtout d'immenses portails clos).

L'ANCIEN TARMAC DU GRAND CENTRAL AIR TERMINAL

Un jalon de l'histoire de l'aviation américaine

1310 Air Way, Glendale
Tour visible depuis Grand Central Avenue, ladite avenue étant l'ancienne piste de décollage

Si les cinéphiles romantiques confondent souvent l'ancien aéroport de Grand Central Air Terminal avec celui de Van Nuys, à quelques kilomètres plus au nord-ouest, c'est que sa tour de contrôle ressemble à celle qui figure dans l'avant-dernière scène du mythique film de Michael

Curtiz, *Casablanca* (1942), avec Humphrey Bogart et Ingrid Bergman.

La même architecture de mission californienne (« Spanish Colonial Revival ») agrémentée de touches Art déco, les mêmes montagnes arides entourant son tarmac, la même situation géographique dans la Valley. Nous ne sommes pas au Maroc, mais nous pourrions très bien faire comme si... Cependant, si quelques films ont effectivement été tournés à l'aéroport de Glendale au fil des ans, il appartient désormais à Disney (sous le nom de « Grand Central Creative Campus », qui regroupe plusieurs branches de la firme à la souris), après avoir été un jalon de l'histoire de l'aviation américaine.

Grand Central Air Terminal était, à son ouverture dans les années 1920, l'aéroport principal de Los Angeles, et ce pendant presque 30 ans, lorsque LAX, et dans une moindre mesure Bob Hope Airport à Burbank, prirent le relais. Howard Hughes, Amelia Earhart, Charles Lindbergh, entre autres, ont décollé (ou atterri) depuis ses pistes. Pendant la Seconde Guerre mondiale, il servit même de camp d'entraînement pour pilotes et mécaniciens, avant d'être laissé à l'abandon pendant plusieurs décennies.

Depuis leur rénovation, commencée en 1999 et terminée en 2015, les bâtiments servent d'écrin à une multitude de divisions du géant du divertissement.

Deux hangars ont également été préservés en plus du complexe principal, mais ils ne sont pas classés au National Registry, la liste des Monuments Historiques américains, au grand dam des fanatiques d'aviation.

Une rue qui occupe une ancienne piste de l'aéroport

Le tarmac avait été rendu à la ville dès la fermeture de l'aéroport. Aujourd'hui, Grand Central Avenue, où l'on circule pour accéder au campus Disney et ses alentours, est en fait l'une des anciennes pistes d'où s'élançaient Lockheed P-38 et autres Boeing B-29, redevenue rue dès 1959.

SOUTH KEYSTONE STREET

Une fausse rue dédiée aux tournages

Burbank
Du numéro 400 au numéro 599
Freeway CA-134, sortie 3

Au nord de la ville tentaculaire, le long de la Los Angeles River, se trouvent trois des studios les plus emblématiques de Hollywood : d'ouest en est, Universal, Warner Bros et Walt Disney. Si les deux premiers se visitent aisément grâce à un parc d'attractions dédié ou dans le cadre de visites organisées (payantes), le troisième a toujours cultivé son goût du secret, et à moins de connaître personnellement un employé de la firme ou d'être invité à une projection privée lors d'une avant-première, il est peu probable que vous soyez amené à pénétrer dans l'antre de la célèbre souris.

Bien sûr, pour se consoler, il y a les parcs, temples de la consommation qui tentent de retranscrire la magie des longs-métrages animés, mais ils sont situés 60 kilomètres plus au sud. Pour une expérience plus originale, gratuite et intime, loin de l'agitation de la foule, faufilez-vous jusqu'à Burbank où, adossée au tout-puissant studio, se trouve la rue la plus étonnante de la région. En effet, le studio fut originellement construit pour développer les dessins animés, mais lorsque l'entreprise voulut s'étendre en 1940, à la suite du succès de *Blanche-Neige et les sept nains*, l'ambition de tourner des films avec des acteurs en chair et en os, ainsi que des productions télévisuelles, s'est heurtée à la contrainte géographique la plus triviale.

Après avoir fait construire des plateaux de tournage pour les scènes en intérieur, quelques façades et des bureaux, il a fallu se rendre à l'évidence : il n'y avait plus de place sur les 20 hectares achetés à l'origine par Walt Disney. Alors, quand la tour Frank G. Wells, désormais entièrement dédiée à l'animation, fut terminée, la compagnie acheta les propriétés sises sur la partie sud de South Keystone Street. Elle ressemble en tous points à la portion située juste au nord d'Alameda Avenue, mais vous n'y verrez jamais de voitures garées, sauf lors de tournages. Et pour cause, si les maisons sont bien réelles et ne sont pas de simples façades (comme c'est généralement le cas sur les « backlots »), elles sont des coquilles vides, que scénographes et décorateurs peuvent remodeler à leur guise, afin de créer des espaces adéquats. Les pelouses sont visiblement plus vertes que dans la rue voisine, rien ne dépasse, pas de poubelles ni de boîtes aux lettres, et les rideaux sont constamment baissés... Cependant, la rue est ouverte : étant une voie publique, Disney n'a pu y acquérir que les maisons. Garez-vous à l'une des extrémités et profitez de la tranquillité, histoire de vous croire, l'espace d'une courte balade dans cette rue tirée au cordeau, dans *High School Musical* ou *Dans l'ombre de Mary – la promesse de Walt Disney*.

LA GRANGE DE WALT DISNEY

La seule attraction estampillée Disney dont l'accès est gratuit

5202 Zoo Drive
(+1) 818-934-0173
carolwood.org
Le troisième dimanche du mois, de 11 h à 15 h
Entrée gratuite

La passion de Walt Disney pour les trains et le chemin de fer s'est longtemps illustrée dans la disposition assez particulière de ses parcs d'attractions, entourés de rails sur lesquels les locomotives promènent le visiteur, comme dans une mini-ville autonome et idéalisée. Mais elle ne s'arrêtait pas là. Entretenu par la Carolwood Foundation, l'ancien atelier du père de Mickey – « Walt's Barn » – en est le plus bel exemple à l'échelle locale. Ouvert au public le troisième dimanche du mois seulement, il est « la seule attraction estampillée Disney dont l'accès est gratuit », rappellent les bénévoles dès l'entrée en ce dimanche d'automne.

Walt Disney y confectionna notamment un chemin de fer à vapeur qui parcourait sa propriété de Los Angeles. Surnommé « Carolwood Pacific Railroad », il transportait ses proches à l'orée de son domaine. Dans ledit atelier, construit en 1950, Disney passait également d'innombrables

heures à contrôler le passage du train, s'affairer au modélisme ferroviaire, et rêver. Pour beaucoup, cette grange est considérée comme le berceau d'Imagineering, la société d'ingénieurs et d'architectes en charge de la conception des fameux parcs et hôtels de l'immanquable marque à la souris.

Mais ne cherchez pas la grange sur son ancienne propriété, au 355 North Carolwood Drive, dans les Holmby Hills. Cette maisonnette rouge, réplique exacte de celle de la ferme familiale située à Marceline (Missouri), a été transportée « derrière » Griffith Park, côté San Fernando Valley, à la fin des années 1990 après la vente de la propriété familiale. La fille de Walt a alors activement contribué à sa sauvegarde, avec l'aide de la Carolwood Pacific Historical Society, qui œuvre à la préservation du patrimoine ferroviaire de Disney.

Dans cet écrin naturel, on trouvera outils, images d'archives, documents historiques, prototypes, ainsi qu'un système de contrôle des pistes. Ce voyage dans le temps dévoile aussi les petites manies d'un créateur aux obsessions dévorantes. On y apprend ainsi notamment que Walt Disney avait construit un tunnel chez lui pour éviter que sa femme Lilly ne voie la locomotive passer devant sa cuisine...

L'exploration peut être poursuivie en observant les bénévoles faire fonctionner le système des locomotives à vapeur, voire même en faisant un tour du petit train parcourant le parc.

Une belle sortie réservée aux grands enfants atteints du syndrome de Peter Pan.

LE BUNGALOW 5195
D'ALFRED HITCHCOCK

Les anciens bureaux du maître du suspense

100 Universal City Plaza, Universal City
(+1) 800 864-8377
universalstudioshollywood.com
Métro : Red Line, arrêt Universal City

Si le parc d'attractions Universal Studios Hollywood, au cœur de la ville quasiment éponyme (Universal City), est l'un des endroits les plus fréquentés par les touristes en visite à Los Angeles, il demeure, derrière ses manèges et ses restaurants, le siège réel de nombreuses entreprises de « l'usine à rêves ».

Durant le Studio Tour, on peut avoir un aperçu des secrets de fabrication de films et séries emblématiques. Façades, bureaux, plateaux de tournage, simulation de course-poursuite ou d'attaque, tous les éléments sont réunis, mais ils ont bien souvent le goût de la déception tant ils restent dans les clous du divertissement, cadenassés par les contraintes des équipes de production s'affairant en coulisses, sans se soucier des petits trains gorgés de badauds les contournant.

Cependant, il est une relique discrète mais particulièrement émouvante (attention, les visites se déroulent uniquement en anglais, espagnol ou mandarin) : le bungalow d'Alfred Hitchcock, à l'histoire particulière, et que les guides mentionnent sporadiquement.

Connu sous le nom de bungalow 5195 et figurant sur sa façade le contour si particulier du visage du réalisateur britannique – naturalisé américain en 1955 –, il abrita en son temps le bureau original du génie du suspense. Sous contrat avec la firme, Hitchcock tourna à Universal City la majorité des films à succès de sa période américaine (*Psychose*, dont la maison et le motel sont également visibles lors de cette visite, étant en fait le dernier métrage tourné avec Paramount Pictures, « délocalisé » à Universal).

Près des bureaux, les autres bâtiments abritaient à l'époque les loges des acteurs Rock Hudson et James Stewart, entre autres. Steven Spielberg y possède aujourd'hui des bureaux (Amblin Entertainment) dans le prolongement, mais rien ne les indique. Soixante ans plus tard, c'est Universal Cable Productions, une branche de l'entreprise consacrée au monde de la télé, qui occupe la loge de « Hitch » et porte son flambeau, en rééditant notamment les fameux *Alfred Hitchcock presents* en DVD.

La maison de Norman Bates

Si vous n'avez pas prévu de vous laisser happer par la dispendieuse capitale du divertissement mais avez besoin de votre dose de Hitchcock, dirigez-vous en voiture sur Blair Drive, à l'embranchement de Barham Boulevard, où une vue imprenable et peu connue sur la maison de Norman Bates (et de sa célèbre maman...), déplacée plusieurs fois depuis 1960, vous attend. Pour les plus fainéants, Hitchcock a aussi deux étoiles sur le *Walk of Fame*, sur Hollywood Boulevard : l'une pour sa contribution à l'art du cinéma, l'autre pour ses productions télévisuelles.

LE TRACÉ ORIGINAL DE LA PREMIÈRE MISSION CAMPO DE CAHUENGA

Le discret berceau de l'État de Californie

Campo De Cahuenga Park
3919 Lankershim Boulevard, Studio City
(+1) 818-763-7651
aparks.org/historic/campo-de-cahuenga
Musée ouvert au public le premier et troisième samedi du mois, de midi à 16h
(sur rendez-vous)

Si les Indiens Tongva étaient installés depuis presque 4000 ans dans ce minuscule bout de terre aujourd'hui coincé entre les studios Universal, l'autoroute 101 et la Los Angeles River, ce sont les colons espagnols, dirigés par le père Fermin de Lausen, qui érigèrent dans le petit parc de Campo De Cahuenga une mission d'évangélisation en pisé (terre cuite) entre 1795 et 1810.

Puis vint la période mexicaine, à la suite de la révolution de 1821, qui délivra le pays de 300 ans de domination hispanique. Et enfin la guerre, déclarée par les États-Unis au Mexique pour une sombre histoire

© Paula Katherine Marmor

d'indemnités... et d'acquisition du précieux territoire. De batailles féroces en traités de paix, d'alliances en trahisons, ce « champ de Cahuenga », dont le bâtiment principal fut reconstruit en 1950 par la municipalité, à quelques mètres de la mission d'origine, peut ainsi être considéré comme le berceau de l'État. Ce lopin de terre vit se succéder toutes les décisions les plus importantes de l'histoire californienne.

Le 13 janvier 1847, c'est en effet dans l'ancêtre de ce petit musée en forme de maison que John C. Frémont et Andrés Pico se rencontrèrent pour signer la capitulation des « Californios » et dessiner la forme finale de ce qui deviendrait, deux ans plus tard, le 31e État de l'Union. Une paix entérinée par le Traité de Guadalupe Hidalgo, qui fit d'abord de ces territoires perdus des « cessions », que le Mexique fut ensuite contraint de céder aux États-Unis pour mettre un terme à l'occupation militaire.

Si le petit musée abrite le traité original, l'emplacement de l'ancienne structure où fut signée la naissance de « California », démolie puis reconstruite, se matérialise un peu partout dans le tracé au sol. Dans le parc attenant et les rues alentour, les fondations d'origine sont représentées par un « chemin » pavé, témoin de vestiges historiques. Tout autour du musée, suivez les lignes blanches et grises sur Lankershim Boulevard, dans le parc, et même dans la station de métro (voir ci-dessous), afin d'obtenir une idée plus précise des dimensions de la véritable mission du Campo de Cahuenga.

Lors d'excavations à proximité de la Ligne Rouge du métro de L.A., on découvrit sous Lankershim Boulevard les fondations initiales de la mission du Campo De Cahuenga, abri historique de personnages auxquels la station Universal City/Studio City rend sobrement hommage : sur les quais, une modeste mosaïque aux tons rouges et orange retrace les destins entrecroisés de femmes et d'hommes qui se sont battus pour le même territoire, convaincus de leur bon droit.

L'IMMEUBLE « FREEDOM BOULEVARD » DE THIERRY NOIR

L'œuvre ludique et politique d'un artiste français

Lofts at NoHo Commons, 11136 Chandler Boulevard, North Hollywood
(+1) 818 827-3100
loftsatnoho.com
Métro : Red Line, arrêt North Hollywood

C'est l'un des immeubles les plus colorés de la ville et, par chance, il se situe juste à la sortie d'une bouche de métro, ce qui, à l'exception de Downtown, est assez rare à Los Angeles pour être souligné.

Si l'envie vous prend d'aller passer une journée dans la fameuse San Fernando Valley sans utiliser votre voiture, c'est en fait possible. Le NoHo Arts District, où débarque la Red Line (terminus : station North Hollywood), est une porte d'entrée dynamique de cette « autre L.A. ». Avant de vous enfoncer plus avant dans le quartier, il faut passer le parking du métro et se diriger vers le nord, sur un bloc à peine. Là, de drôles de bonhommes colorés sur fond blanc ornent plusieurs façades d'un immeuble de lofts modernes. Le nom de l'artiste, contradictoire au vu de l'explosion de couleurs, est également visible : Thierry Noir.

Ce Français est une légende. Il a commencé à peindre sur le mur de Berlin en 1984, après avoir déménagé en Allemagne. Là, dans le quartier de Kreuzberg, en RFA, il fut l'un des premiers à défier ce symbole de la Guerre froide à grands coups de pinceaux. Après une vie à dessiner autour du monde ses personnages naïfs, reconnaissables et éminemment politiques, c'est son œuvre qui est venue jusqu'à Los Angeles, puisqu'à l'initiative du Wende Museum, en 2009, un de ses célèbres graffitis sur le Mur de Berlin s'est retrouvé exposé devant le LACMA, près de ceux de quelques compères (voir page 90), sur des vestiges originaux déplacés pour l'occasion.

Dans les collines de Hollywood, un autre pan authentique du Mur peint par Thierry Noir est aussi visible, tandis que d'autres œuvres, souvent plus discrètes, parsèment la ville, à l'exception d'un grand *mural* sur fond noir situé *downtown* (dans une allée étroite sur Spring Street).

En 2017, un promoteur immobilier de North Hollywood fait appel à l'artiste pour embellir une devanture entière d'immeuble, d'une surface inédite de 1400 m^2 – sa plus grande fresque publique à ce jour – à l'occasion du cinquantenaire du jumelage de Los Angeles avec Berlin. Le résultat : ce « Freedom Boulevard » étincelant et ludique qui fait la joie des passants. De quoi redonner à NoHo de fières couleurs ; l'immense ensemble résidentiel qu'est « la Vallée » traîne en effet depuis des années une réputation vaguement beauf de dortoir sans âme, selon les Angelenos plus branchés installés à Hollywood, Santa Monica ou Los Feliz, c'est-à-dire au sud de Griffith Park. Il connaît un regain d'intérêt relativement récent, notamment grâce à sa très prisée voisine Studio City, nouveau temple du cool avec ses restaurants branchés et ses maisons charmantes, parfaitement située entre studios et collines.

STATION D'ÉPURATION DONALD C. TILLMAN

Pour tous les fans de Star Trek... *et d'eaux usées*

6100 Woodle Avenue, Van Nuys
(+1) 818-778-4226
lacitysan.org
Visites sur rendez-vous uniquement

Si ce n'est pas le seul lieu de tournage à L.A. à avoir accueilli les différentes versions de la fameuse série (et des films) de l'univers *Star Trek*, du Getty Center à Griffith Park, c'est de loin le plus reconnaissable et impressionnant.

Rien d'étonnant : dessinée par Anthony J. Lumsden et construite en 1984, la station d'épuration Donald C. Tillman figure une sorte de vaisseau spatial posé dans un coin de nature idyllique, avec ses angles obtus et son béton post-moderne. C'est pourtant l'Académie de Starfleet, l'école des futurs officiers, supposément située à San Francisco (avec son Golden Gate Bridge ajoutée en post-production), qu'est censé représenter cet immeuble.

Dans la vraie vie, presque cent millions de litres d'eaux usées de la vallée de San Fernando passent par le building chaque jour, où elles vont être assainies pour fournir de l'eau d'irrigation. Arrosage des espaces verts (voir ci-dessous), de terrains de golf (nombreux dans la région) ou encore irrigation des surfaces agricoles sont autant de possibilités de réutilisation de l'eau, après un traitement biologique par nitrification.

Aussi peu sexy que cela puisse paraître au premier abord, il est possible, sur rendez-vous uniquement, de visiter l'usine ainsi que trois autres stations d'épuration, dans le cadre d'un programme très instructif (et gratuit) lancé par la ville de Los Angeles qui souhaitait éduquer ses habitants aux problématiques des égouts, eaux-vannes et autres eaux ménagères, et du processus de séparation du liquide et du solide. Ce dernier est par exemple envoyé au Hyperion Water Reclamation Plant, où il devient une source d'énergie et un fertilisant.

AUX ALENTOURS
Jardin japonais SuihoEn
+1 818-756-8166
suihoen.thejapanesegarden.com/new
Du lundi au jeudi de 11 h à 16 h, et le dimanche de 10 h à 16 h

Pensé comme une vitrine de la réussite de cette station d'épuration, l'étonnant jardin japonais attenant, nommé SuihoEn (« Jardin d'eau et de parfum »), imaginé par l'architecte paysagiste et artiste Koichi Kawana, fut inauguré au même moment pour prouver qu'un tel bâtiment pouvait aussi abriter un sanctuaire en pleine santé. Cerisiers, magnolias, lotus et une centaine d'autres types de plantes et d'arbres se partagent la vedette dans ce « Chisen-Kaiyushiki » (le terme désignant un jardin où la promenade inclut un étang). Cascade, ruisseaux et *tea house* complètent le tableau parfait de ce qui est sans doute le plus beau et le plus reposant des jardins japonais de la région. Un coup de cœur.

LA PORTE DE LA SALLE A113 DU CALARTS

Le mystère A113

California Institute of the Arts
24700 McBean Parkway, Valencia
(+1) 661-255-1050
calarts.edu
Campus ouvert toute l'année

C'est sans doute l'*Easter Egg* (une référence cachée en forme de blague d'initiés, que certains réalisateurs disséminent discrètement dans leurs œuvres) le plus connu des productions cinématographiques américaines actuelles.

La prochaine fois que vous irez voir au cinéma un film de Disney, Pixar, ou de l'une de leurs filiales (Lucas Films, Marvel, etc.), essayez d'être attentifs : à un certain moment apparaîtra immanquablement une mystérieuse lettre « A » suivie du nombre « 113 ». Présent partout dans les films et les dessins animés, ce « A113 » rend les fans hystériques et les adeptes de théories du complot circonspects. Est-ce là un signe Illuminati, la marque d'une société secrète destinée à dominer le monde, un passage vers une dimension parallèle, un message crypté ? Ou tout simplement une blague potache ?

Mais pourquoi, si c'est le cas, ce « A113 » est-il si répandu et répété, d'une plaque d'immatriculation dans *Toy Story* à un modèle d'appareil photo dans *Le Monde de Némo*, en passant par une étiquette dans *Ratatouille*, sans oublier des apparitions dans des productions comme *Les Simpson, Hunger Games* ou encore *Mission Impossible* ?

La réponse est plus triviale qu'il n'y paraît au premier abord, et se trouve à Valencia, à environ une heure de route au nord de Los Angeles.

Lorsqu'en 1961, Walt Disney décide d'ouvrir une université privée dédiée à la création, il unifie d'abord deux écoles d'art, avant de faire construire une immense faculté principale sur un terrain isolé, dans les collines de Santa Clarita. Au nord, le sérieux d'un campus caché dans les bois ; au sud, à Anaheim, un parc d'attractions, géographiquement opposé et dédié aux familles et à la consommation. Enfin, au centre, à équidistance, la tentaculaire Los Angeles et sa myriade d'artistes et de cerveaux s'affairant, dans le studio de Burbank et alentour. Une ligne droite parfaite, matérialisée par la Highway 5.

À CalArts (le petit nom du California Institute of the Arts), également dédié à la danse, au cinéma, à la littérature et au théâtre en plus des arts visuels, des générations d'étudiants appelés à créer, voire à diriger les studios de Hollywood, se sont succédé (Sofia Coppola et Tim Burton, entre autres).

Brad Bird, futur réalisateur des *Indestructibles*, fut l'un d'eux, tout comme Pete Docter, Andrew Stanton et John Lasseter, le futur directeur artistique de Pixar Animation Studios et Walt Disney Animation Studio. Ces quatre hommes allaient révolutionner le monde du dessin animé. En rendant hommage à la salle A113, où ces artisans du film avaient étudié le graphisme et l'animation de personnage, Brad Bird a lancé cette mode du clin d'œil dès 1989, qui se poursuit encore aujourd'hui dans plusieurs studios, pour le bonheur des cinéphiles obsessionnels.

Sur la porte de la salle aimée figure toujours ce numéro magique et certainement porte-bonheur.

Le campus vaut de toute façon le détour pour qui se dirige vers San Francisco, surtout quand on sait que des rumeurs évoquent que le tournage de *L'Empire contre-attaque* aurait eu lieu partiellement dans le théâtre modulaire, une merveille d'ingénierie qui aurait apparemment accueilli la scène mythique de la révélation filiale, celle de Dark Vador à Luke Skywalker.

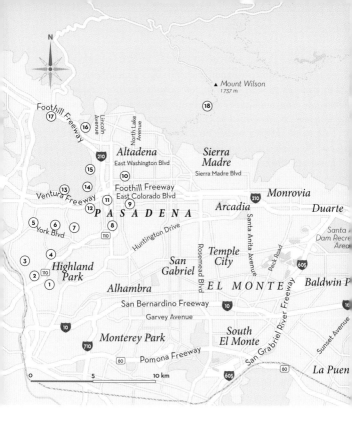

Pasadena et l'Est

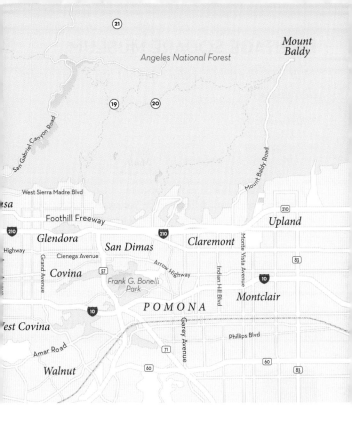

HERITAGE SQUARE MUSEUM

Huit bâtiments historiques qui ont littéralement été déménagés

3800 Homer Street
(+1) 323-225-2700
heritagesquare.org
Vendredi, samedi et dimanche de 11 h 30 à 16 h 30

Peu d'endroits dans le monde peuvent se targuer d'accueillir une concentration aussi hétéroclite de bâtiments issus de différentes époques, et qui n'auraient jamais dû se côtoyer. C'est pourtant ce qui fait la force et le charme du Heritage Square Museum, moins un musée à proprement parler qu'une plongée dans le temps à ciel ouvert.

Ces manoirs, à l'architecture victorienne mais aux influences éminemment variées, furent bâtis entre 1850 et 1950. Ils connurent tous une vie paisible dans leurs quartiers respectifs (Lincoln Heights, Boyle Heights, Pasadena, Downtown...) jusque dans les années 1960, au cours desquelles ils furent menacés de destruction après avoir été laissés à l'abandon. C'est ainsi que, pour laisser place à des édifices plus modernes, il a été décidé... de les déplacer, dans leur intégralité, sans les démonter !

Des maisons entières ont ainsi fait le voyage sur d'immenses remorques jusqu'à Highland Park où, tout près de l'autoroute – ultime anachronisme –, elles témoignent désormais d'une époque révolue. Pour parfaire l'immersion, même les guides sont en habit d'époque.

C'est à l'initiative de la Fondation de l'héritage culturel de Californie du Sud (Cultural Heritage Foundation of Southern California), une association à but non lucratif qui lève régulièrement des fonds, que ce musée a vu le jour pour « préserver, rassembler et partager l'architecture, l'environnement et la culture du premier centenaire de la Californie du Sud », selon sa devise.

La Hale House est sans doute la plus iconique de toutes, avec ses murs vert pâle et sa tour parée de briques, mais les huit structures ont chacune des caractéristiques uniques : ici une maison octogonale, ailleurs la noblesse du manoir de William Perry, là une église, là encore une pharmacie superbement restaurée.

Malgré le mélange des genres, l'idée était de recréer une atmosphère de village, aussi bourgeois soit-il, avec un *uptown* résidentiel et un *downtown* en forme de quartier d'affaires.

Si le résultat est moins réaliste et vibrant que la vision originale de ces passionnés d'Histoire, les huit édifices n'en demeurent pas moins individuellement spectaculaires.

© Los Angeles

LUMMIS HOME (EL ALISAL)

Un château de pierre dressé à la main par un seul homme

200 East Avenue 43
laparks.org/historic/lummis-home-and-gardens
mota.dreamhosters.com/lummis-home-and-garden
Samedi et dimanche de 10 h à 15 h
Gratuit

Reporter pour le *Los Angeles Times*, c'est à la main, pierre par pierre, que Charles Fletcher Lummis, un transfuge de Cincinnati (Ohio) qui était venu s'installer à L.A. en traversant le pays à pied et en documentant son périple dans le journal, construisit sa maison au bord

de l'Arroyo Seco, après avoir obtenu le poste plus sédentaire de chef de service des nouvelles locales.

Le résultat de ses efforts surhumains, terminé aux alentours de 1910, est régulièrement qualifié de « château » par les spécialistes, tant cet impressionnant édifice, en plus de refléter la personnalité excentrique de son propriétaire, évoque le refuge d'un ermite avec sa petite tour et ses portes basses. « El Alisal » (« L'aulneraie » en français) est le petit nom que donna Lummis à sa demeure, qui préfigura l'esthétique Arts & Crafts qui allait devenir à la mode quelques années plus tard. Le sol était en béton, les meubles en bois, dont certains finement sculptés, de grosses poutres traversaient le salon. Les éléments visibles aujourd'hui sont presque tous d'origine.

Très proche de la nature mais ne refusant pas les mondanités de la ville, Charles F. Lummis, qui fut également historien, anthropologue, photographe et militant en faveur des droits des Amérindiens, invita artistes et intellectuels, musiciens et danseurs, une fois sa maison finie, à des fêtes réputées extravagantes.

À sa mort, il légua la maison au Southwest Museum, qui la revendit à l'État, avant que la ville n'en prenne possession. Aujourd'hui, on peut la visiter durant le week-end pour y admirer entre autres des photos de la construction (le lit de la rivière était alors à sec), ainsi que de superbes vitraux artisanaux figurant des communautés autochtones, fabriqués par Lummis lui-même avec ses propres clichés d'époque. Se placer au centre de la propriété, dans la cour, entre la maison principale et la *guest house*, donne un bel aperçu de l'influence d'un autre type d'architecture : le style « mission », qui définit l'ensemble de l'édifice, notamment avec son patio à colonnade. Les jardins, eux, sont composés de plantes endémiques du désert californien et de sycomores.

SANCTUAIRE LACUSTRE DE LA SELF-REALIZATION FELLOWSHIP

L'un des endroits les plus enchanteurs de la région

17190 Sunset Boulevard, Pacific Palisades
lakeshrine.org
Du mardi au samedi de 10 h à 16 h 30 et le dimanche de 12 h à 16 h 30
Cérémonies dans le temple : le jeudi à 20 h et le dimanche à 9 h et 11 h

É crit en 1946, *Autobiographie d'un Yogi* est considéré comme l'un des livres de spiritualité les plus importantes du XXe siècle. Yogi star ayant exporté dès les années 1920 aux États-Unis les préceptes de la philosophie du Kriya Yoga, via sa Self-Realization Fellowship (« Communauté de la réalisation du soi »), Paramahansa Yogananda a fondé en 1950 à Pacific Palisades un havre de paix d'un goût exquis, peut-être le plus bel endroit de la région.

Très prisé par certains musiciens et hommes d'affaires occidentaux attirés par le mysticisme indien (à l'image d'Elvis Presley, Steve Jobs ou encore George Harrison, qui y célébra son mariage), le lieu, sublime, est une invitation au recentrement sur soi et à la communion avec la nature. Un lac, agrémenté entre autres curiosités de plusieurs temples, d'un moulin-chapelle et d'un luxuriant jardin, appelle à la méditation et à l'entente entre les religions (concept traduit par un émouvant monument).

Plus rare encore, un petit sarcophage chinois entouré de fleurs et surmonté d'une pergola abrite une partie des cendres... de Gandhi : le dirigeant indien souhaitait que ses restes soient dispersés dans différents cours d'eau autour de la planète. Ami du guide spirituel, Paramahansa Yogananda reçut ainsi une partie des cendres, peu de temps après l'assassinat du Mahatma. Si ce lieu n'avait pas besoin de convoquer une telle figure historique pour se montrer fascinant, la présence de Gandhi ne fait qu'accentuer son aura magique.

Centre Shumei de Hollywood

7406 Franklin Avenue
Il est possible de visiter le jardin sur demande
Red Line, arrêt Hollywood/Highland

La spiritualité Shumei (« Église messianique mondiale » en Europe, parfois considérée comme une secte) fut fondée au cours des années 1930 par le philosophe japonais Mokichi Okada. À Hollywood, une belle maison au style indéfini (colonnes grecques, façades espagnoles, portes-fenêtres à la française...) lui sert de centre. Elle appartenait autrefois à l'écrivaine et journaliste Joan Didion et a vu défiler tout ce que Hollywood et le rock américain comptaient de sommités, drogue et exubérance comprises. L'endroit, apparemment purifié de ses démons, est désormais une oasis où des patients viennent soigner leurs afflictions spirituelles ou physiques, via des ateliers de pratique du *Jyorei*, entre autres exercices inspirés par un mélange de shintoïsme, de bouddhisme et de chrétienté. Des cérémonies du thé, des performances artistiques et des festivals y ont également lieu.

CHICKEN BOY

Une statue d'homme-poulet de 6 mètres et demi,
vestige de la Route 66

5558 N Figueroa Street
(+ 1) 323-254-4565
chickenboy.com
futurestudio.typepad.com
Visible en permanence depuis la rue
Métro : Gold Line, arrêt Highland Park

À défaut d'avoir une statue de la Liberté digne de ce nom, les habitants de Los Angeles, qui ont toujours su cultiver l'art de l'étrangeté, ont une statue d'homme-poulet de 6 mètres et demi, qui fut sauvée d'une destruction imminente lorsqu'une directrice artistique l'ayant repérée sur Broadway (Downtown), l'a fait installer sur le toit de sa galerie.

Mais selon son site officiel, né à la suite de l'émergence d'un véritable culte à l'endroit de ce brave gallinacé au tee-shirt rouge et au seau jaune, son histoire remonte aux années 1960.

À l'époque, il représentait simplement le savoir-faire d'une entreprise spécialisée dans la fibre de verre, avant qu'un restaurant de poulet grillé l'ayant commandé ne lui donne son surnom, remplaçant le visage d'un garçon par la face d'un volatile. Il devint ainsi l'une des étapes iconiques de la Route 66, qui passait alors par le centre-ville, à l'image d'autres monuments inhabituels peuplant la voie mythique (voir page 124).

Amy Inouye, désormais surnommée « la maman de Chicken Boy », a fait déplacer la structure en 2007 à Highland Park, sur le toit de son studio de création, « Future Studio », qui est également une galerie d'art. « En 1984, quand je me suis aperçue que le restaurant avait fermé, j'ai obtenu le numéro de téléphone de l'agent immobilier pour m'enquérir de l'avenir de la statue [...] Il a fini par me rappeler en me disant qu'avec les travaux, Chicken Boy devait être déboulonné. 'Si vous le voulez tant que ça, venez le chercher', m'a-t-il dit », expliquait-elle à la presse en 2007. Il aura fallu 20 ans pour lui trouver un écrin convenable, avant qu'il accède au rang de patrimoine historique grâce au gouverneur de Californie, Arnold Schwarzenegger, en 2010.

Comme tout culte obscur dédié à une figure emblématique dans un endroit totalement aléatoire, sa popularité est toute relative, et seuls quelques hipsters décalés et fanas de la Route 66 peuvent se targuer de connaître l'existence et l'emplacement actuel du poulet, qui a peut-être gagné en visibilité ces dernières années avec la renaissance de Highland Park, nouvelle place branchée.

Ce culte a donné lieu à une boutique en ligne, gérée par le studio et relativement confidentielle, sur laquelle on peut se payer badges, peluches et autres mugs.

LABORATOIRE DE ZOOLOGIE ROBERT T. MOORE

5

Les chatoyantes couleurs d'une collection d'oiseaux unique au monde

Moore Lab of Zoology, Occidental College
1600 Campus Road/Bird Road
+1 (323) 259-2500 – +1 (323) 259-1352
moorelab.oxy.edu
Visites sur rendez-vous uniquement

En plein cœur d'une petite université privée nichée sur les collines du quartier d'Eagle Rock (au sein de laquelle Barack Obama fut étudiant pendant deux ans), un incroyable laboratoire de zoologie a répertorié au fil des ans 65 000 espèces d'oiseaux, désormais empaillés (dont presque 7000 colibris), 1300 squelettes, plus de 500 œufs préservés, de nombreux nids ainsi que des petits mammifères.

Né en 1882, Robert T. Moore était un ornithologue qui voyagea à travers le continent américain pour documenter le patrimoine génétique d'une multitude d'espèces, amassant l'une des plus importantes collections d'oiseaux au monde. En 1934, il entreprit d'établir la première liste complète des oiseaux originaires du Mexique : un sacerdoce qui l'occupa jusqu'à la fin de sa vie. Avant son décès en 1958, Moore fit don de son impressionnante collection, ainsi que de plusieurs bâtiments, à l'université Occidental College, fondée en 1887.

Aujourd'hui, le laboratoire qui porte son nom (MLZ en abrégé), intégré au Département de biologie, « utilise ces spécimens pour étudier l'évolution ornithologique au cours de l'Histoire, avec une attention particulière donnée à l'impact environnemental sur la distribution géographique, la biodiversité, l'apparence et l'ADN des oiseaux ». On peut en effet prendre rendez-vous, via le site de la fac, pour visiter le laboratoire où professeurs et techniciens accueillent avec une passion communicative les curieux, désireux d'en savoir davantage sur leur spécialité et les spécificités de volatiles qui, pour certains, ont plus de cent ans.

Des dizaines de plateaux en bois dévoilent en coulissant une impressionnante variété de formes, de becs et de plumages irisés, tous munis de leur étiquette avec le nom de l'espèce en latin, le sexe, la date et l'origine. Parfois, les caractéristiques sont très proches, et les alignements d'oiseaux figurent d'étonnants camaïeux de couleurs vives, que l'on croirait sortis d'un tableau de nature morte. Un vrai coup de cœur, mêlant érudition et sentiment d'avoir poussé la porte d'un monde secret.

Les perroquets sauvages de Pasadena

Une légende urbaine veut que, dans les années 1960, l'incendie d'une animalerie de Pasadena ait rendu à la nature de nombreux volatiles issus d'une douzaine d'espèces originaires de l'est du Mexique (où ils sont par ailleurs en voie d'extinction). Depuis, ils se seraient massivement reproduits et auraient refait leur vie dans la région. À Pasadena, il suffit parfois de lever la tête vers les arbres pour les admirer, tout particulièrement au printemps.

MUSÉE DE LA POLICE DE LOS ANGELES

LAPD : quatre lettres devenues mythiques

Los Angeles Police Museum
6045 York Boulevard
(+1) 323-344-9445, laphs.org
Du mardi au vendredi de 10 h à 16 h, et le 3ᵉ samedi du mois de 9 h à 15 h
Gratuit pour les enfants de moins de 5 ans
Métro : Gold Line, arrêt Highland Park Station

C'est dans le commissariat de Highland Park, le plus ancien de la ville, que se situe le musée de la police de Los Angeles, lui conférant de fait un réalisme stupéfiant.

En pénétrant dans le bâtiment néo-Renaissance de 1926 (restauré et désormais classé Monument Historique), on ne s'attend pourtant pas

à apercevoir les cellules des prisonniers ni le petit bureau d'accueil si caractéristique des postes de police américains. Le « numéro 11 », de son petit nom, est resté fermé pendant presque 20 ans avant que la Los Angeles Police Historical Society (LAPHS) ne décide de le réhabiliter pour accueillir véhicules, artefacts et documents.

LAPD : quatre lettres formant l'un des sigles les plus emblématiques de la culture américaine et des forces de l'ordre entrées dans la légende. Les fameux uniformes en laine bleu nuit sont exposés à l'étage avec une fierté certaine, tandis que dans la pièce voisine, les archives d'enquêtes concernant les affaires les plus sordides et médiatisées se succèdent, donnant le tournis : disparition du « Dahlia noir » en 1947, meurtres perpétrés par la « Famille » Manson en 1969, fusillade des Black Panthers en 1974, méfaits de l'égorgeur de Skid Row en 1975, assassinat de Nicole Brown Simpson en 1994… une sorte de mine d'or du crime et du *name dropping*, qui a tant inspiré écrivains et réalisateurs, de Raymond Chandler à James Ellroy en passant par Billy Wilder.

Dans la cour intérieure, voitures, hélicoptères et mêmes tanks de police dorment, comme mis au repos après une vie de courses-poursuites et d'émeutes dans l'une des villes les plus criminogènes et scrutées des États-Unis.

La cafétéria de l'Académie de police : un diner chez les flics, ouvert au public

Sise sur les terres de la L.A. Police Academy, près du Dodger Stadium, la cafétéria de l'Académie de police (*Los Angeles Police Revolver and Athletic Club Cafe*, 1880 North Academy Drive) a rouvert ses portes en 2014, après une nécessaire rénovation. Aussi étonnant que cela puisse paraître, il est en effet possible, dans ce lieu inattendu, de déguster café, œufs et pancakes au beau milieu des hommes en bleu, nouvelles recrues, flics confirmés ou détectives, le tout sur des banquettes en simili-cuir noir et entouré de photos d'archives : un vrai voyage. Cependant, bien qu'ouverte au grand public (de 6 h à 14 h seulement, du lundi au vendredi), cette visite peut s'avérer légèrement intimidante, et peu de quidams l'osent.

Pour y accéder, passez le poste de sécurité, arpentez les marches extérieures puis marchez jusqu'au fond du chemin à droite, jusqu'à apercevoir la façade en pierre.

LA CLOCHE DE L'ÉGLISE CHURCH OF THE ANGELS

Des airs de campagne anglaise à Pasadena

1100 Avenue 64
(+1) 323-255-3878
coa-pasadena.org
Église ouverte toute l'année, messes le dimanche à 7 h 45 et 10 h15

L'espace d'un instant, on pourrait croire que les échangeurs d'autoroute et les palmiers dressés vers l'azur n'étaient qu'un mirage. Au détour d'une avenue, c'est un autre type de repère grisant, construit par l'homme, qui se dresse dans le ciel bleu. La plus ancienne église de Pasadena semble aussi être la plus déracinée, avec ses formes rappelant davantage les lieux de culte des îles anglaises qu'un quelconque mouvement architectural local.

Construite en 1889 pour le compte de Frances Campbell Johnston, en souvenir de son défunt mari, le diplomate Alexander Robert Campbell Johnston, l'église des Anges (Church of the Angels) se trouve sur une terre où s'élevait à l'origine leur ranch familial, nommé « San Rafael » – à l'époque, cela va de soi, où cette partie de la Californie du Sud était constellée de fermes.

L'architecte britannique Arthur Edmund Street se chargea des plans avant de les envoyer à Ernest A. Coxhead, qui dessinera une douzaine d'églises à Los Angeles. Hormis la tour, endommagée lors d'un tremblement de terre, les éléments qui composent cette bâtisse sont d'origine.

Si une cloche sonne toujours aujourd'hui, celle qui trône tout près de l'entrée a une histoire particulière et plus intime : sise à l'origine au cœur du ranch, elle servait à rassembler les habitants de la propriété et les employés à l'heure du déjeuner et du dîner. Rien, donc, de très religieux, jusqu'à la mort du propriétaire. Après son décès, le son de cloche se fit plus envahissant et le nouvel édifice servit de lieu de culte au village de Garvanza, situé à quelques encablures au sud, au bord de la rivière Arroyo Seco.

Vandalisée en 2017 par des graffeurs et par un début d'incendie criminel, l'église, forte d'une communauté très active et dévouée, a déjà retrouvé sa splendeur passée : on continue à y célébrer la messe du dimanche matin ainsi que des mariages, qu'ils soient réels ou de fiction. Hollywood étant attiré par l'esthétique parfaite du lieu, bon nombre de tournages de séries et de films y ont en effet eu lieu. À tout moment semblent pouvoir surgir de cette architecture Storybook une princesse et un prince charmant échappés d'un conte.

Que l'on admire à l'intérieur l'orgue et l'autel, ou à l'extérieur le détail des influences de l'ensemble, la visite est un enchantement, qui marque tout particulièrement par sa « géographie anachronique ».

Dehors, dans un jardin en forme de cadran solaire, l'ange qui donne son nom à l'édifice porte une croix sur le dos et veille, patient. Dans l'église, l'immense vitrail, créé à l'époque à Londres par l'entreprise Cox & Buckley, est l'un des plus spectaculaires du pays.

LES SECRETS
DE LA FOURCHETTE GÉANTE
DE PASADENA

Un cadeau d'anniversaire qui a du goût

« Fork Plaza », 200 Bellenfontaine
pasadenasforkintheroad.blogspot.com
coffeegallery.com

Difficilement traduisible en français, le jeu de mots entre *fork* (fourchette) et *fork* (l'intersection) a donné lieu, à Pasadena, à l'installation d'une drôle de sculpture de 5,5 mètres de haut, et ce sans l'accord des autorités compétentes. Séparant South Pasadena Avenue et South St John Avenue, le couvert trône désormais fièrement sur son lopin de terre, ayant survécu à un sérieux embrouillamini juridique avec la ville. Il faut dire que Bob Stane, en l'hommage duquel était originellement prévue l'érection de cet ustensile de cuisine impromptu, est une figure extraordinaire. Pilier de la scène folk (fork ?) locale, découvreur de nombreux talents, il a aussi été le fondateur, à l'âge où d'autres partent à la retraite, d'une salle de concert acoustique au charme incroyable, le Coffee Gallery Backstage (à Altadena). En quelques années, cette scène est devenue l'un des lieux incontournables de la région. La fourchette, elle, a gardé bien des secrets...

En 2009, l'artiste Ken Marshall fait en effet construire cet objet en bois, peint en couleur métal, pour les 75 ans de son ami Bob Stane. Une petite équipe de fans déguisés en agents de la voirie ont, au cours d'une nuit, creusé un trou pour y planter l'encombrant cadeau, fixé dans une dalle de béton et soutenu par une armature en bois. La surprise ne durera pas longtemps puisque la fourchette disparaîtra du carrefour quelques mois plus tard, sur ordre de la mairie de Pasadena. Les autorisations nécessaires finalement obtenues, la sculpture a réapparu en 2011, vecteur de galas de charité et d'événements liés à la « bonne bouffe ».

Le parcours de Bob Stane, à l'image de sa fourchette géante et de cette intersection, n'évoque pas non plus une ligne droite. Avant l'aventure musicale et son pendant culinaire, son fait d'armes le plus connu et reconnu fut la légendaire *Ice House*, un *comedy club* ouvert avec Willard Chilcott en 1960 à Pasadena, où de nombreux artistes furent découverts, de David Letterman à Jay Leno, de Tom Waits à Steve Martin. De quoi ouvrir l'appétit de Los Angeles aux comédiens adeptes de situations absurdes, au moins aussi absurdes que cette fourchette plantée sur un carrefour.

LES SECRETS DES CHEVEUX DU MÉMORIAL JACKIE ET MACK ROBINSON

Suivez les regards des deux athlètes...
et approchez-vous de leurs toisons

Jackie and Mack Robinson Memorial
101 Garfield Avenue

Deux frères élevés à Pasadena, entre le lycée John Muir et l'université locale. Deux athlètes exceptionnels. Deux destins différents...

Infatigable militant des droits civiques, Jackie Robinson est entré dans la légende pour avoir brisé le mur de la ségrégation raciale en MLB (Major League Baseball) le 15 avril 1947 en intégrant les Dodgers de Brooklyn. C'est Branch Rickey, directeur général du club, qui le recruta alors qu'il jouait encore pour les Monarchs (une équipe issue des ligues afro-américaines) après un passage chez les Royaux de Montréal. Le club mit ainsi fin à plusieurs décennies de ségrégation raciale dans ce sport. Depuis

2004, la Ligue de base-ball lui rend même hommage tous les 15 avril, en fêtant le « Jackie Robinson Day ». Si Matthew Robinson, dit « Mack », fut moins connu et célébré que son petit frère, il ne faut surtout pas oublier qu'il remporta, sous les yeux d'Adolf Hitler, la médaille d'argent du 200 mètres aux Jeux Olympiques de Berlin en 1936 (se plaçant 4/10e de seconde derrière le héros incontestable de la compétition, Jesse Owens). Revenu à Pasadena, il s'employa entre autres à faire baisser le taux de criminalité dans la ville.

Le beau mémorial qui les honore depuis 1997 est composé d'imposantes statues de leur visage, chacun regardant dans une direction différente : Jackie a ainsi les yeux tournés vers l'est, et plus précisément vers Brooklyn, arrondissement de New York où il effectua une grande partie de sa carrière. De son côté, Mack a le regard rivé sur l'Hôtel de ville, puisqu'il ne quitta jamais Pasadena.

À première vue, les sculptures en bronze n'ont rien d'exceptionnel. Avec leurs 3 mètres de hauteur, elles sont placides et solennelles. Une plaque explicative à proximité présente simplement les deux frères. Pourtant, les sculpteurs Ralph Helmick et John Outterbridge ont volontairement gravé dans les cheveux en bronze des athlètes une multitudes d'éléments, de dessins et d'anecdotes visibles seulement de très près.

En s'approchant des coiffures afros apparemment « lisses » des deux frères, on découvre en effet, cachés dans ces toisons de métal, une imbrication de minuscules détails décrivant leur vie, comme des tatouages ou un bas-relief intimiste. Leurs principaux accomplissements, des dates importantes, leurs engagements politiques et associatifs, des discours et autres images iconiques d'exploits sportifs se chevauchent sur les deux crânes en bronze. Sous l'aspect consensuel d'un hommage de la ville, l'œuvre dissimule une façon émouvante de représenter les luttes parfois secrètes et clandestines menées sur ou en dehors des terrains par Jackie et Mack Robinson pour l'égalité des droits.

Le 15 avril 2017, une autre statue de Jackie Robinson a été inaugurée aux abords du Dodger Stadium, à Los Angeles, pour rendre hommage à la carrière du joueur en fêtant les 70 ans de son premier match pro. La franchise Dodgers déménagea en effet en 1957 de New York à L.A., et Jackie put rentrer « à la maison » pour finir sa carrière. Réalisée en bronze, la statue à l'échelle 1:1 représente l'athlète en pleine action, en train de voler une base.

QUARTIER DE BUNGALOW HEAVEN

Une concentration inédite de 800 maisons Arts & Crafts

Bungalow Heaven
Quartier délimité par East Washington Boulevard au nord, Orange Grove Boulevard au sud, North Lake Avenue à l'ouest et North Hill Avenue à l'est
(+1) 626-585-2172; bungalowheaven.org
Rues accessibles toute l'année
Maisons visitables une journée par an, généralement au mois d'avril (se renseigner au préalable sur le site Internet)
Métro : Gold Line, arrêt Lake Station

Au beau milieu de Pasadena, à quelques encablures de l'autoroute 210, se cache un quartier très particulier, fait de 800 petites

maisons toutes plus adorables les unes que les autres, et qui porte son nom comme un charme : Bungalow Heaven, le « paradis des bungalows », en vérité des pavillons aux caractéristiques communes. Situés dans des allées ombragées, les édifices ont la particularité d'avoir tous été construits à la même période, dans ce style Arts & Crafts si reconnaissable en Californie.

Ce mouvement architectural mettait l'accent sur un rapprochement avec la nature, notamment en utilisant bois et pierre, allant à l'encontre de l'industrialisation galopante du début du siècle dernier.

Larges vérandas, nombreuses colonnes, espaces intérieurs très ouverts, porches aux avant-toits chaleureux, souvent de plain-pied et toits pentus comme ceux des chalets caractérisent ce style qui trouve sa quintessence tout américaine à l'hôtel *Ahwahnee* (désormais appelé *The Majestic Yosemite Hotel*), au cœur du Yosemite National Park. Appelé également National Park Service rustic architecture ou Parkitecture, il rappelle davantage la montagne que le désert. À l'intérieur, le bois est roi, avec des étagères et d'autres meubles intégrés au design.

Il y a désormais dix ans que le quartier, affublé d'une plaque délimitant son emplacement, fut classé au registre national des Monuments Historiques, après que Bungalow Heaven est devenu le premier « lieu remarquable » de la ville, en 1989.

Mais les 16 blocs, à l'attrait historique évident, sont surtout un véritable havre de paix pour ses habitants, bénéficiant quasiment d'une vie de village et d'une forte communauté. Leur coin de paradis est d'ailleurs régulièrement cité parmi les dix meilleurs endroits où vivre aux États-Unis.

LES LARMES DU MÉMORIAL DU GÉNOCIDE ARMÉNIEN

Une goutte toutes les 21 secondes

162–172 East Walnut Street

Forte d'une communauté de plus d'un million de personnes aux États-Unis (c'est la deuxième plus grande diaspora, après celle de Russie), l'Arménie est particulièrement représentée en Californie du Sud, notamment dans la vallée de San Fernando, au nord de Los Angeles. À Glendale, près de 40 % des 200 000 habitants sont en effet d'origine arménienne, faisant de cette ville la seconde en taille dans le monde, après la capitale de ce petit pays du Caucase, Erevan (1 million d'âmes). Nombre d'entre eux sont issus de familles ayant émigré outre-Atlantique au début du XXᵉ siècle pour échapper aux persécutions turques.

S'il n'est pas aussi impressionnant que celui de Montebello, tour de béton de 23 mètres inaugurée en 1968 (à une trentaine de kilomètres plus au sud), le mémorial du génocide de Pasadena, dévoilé en 2015 après une initiative d'un comité dédié, commémore lui aussi la mort des 1,5 million d'Arméniens tués par le pouvoir turc ottoman, alors mené par le mouvement nationaliste des Jeunes Turcs, entre 1915 et 1923.

Trépied de métal situé au bord du Memorial Park, près du Levitt Pavilion, la sculpture, tel un phare, surmonte un puits qui reçoit toutes les 21 secondes une goutte d'eau venue de sa pointe, symbolisant sur une année une larme pour chacun des 1,5 million de disparus. Chaque 24 avril, de nombreuses familles se retrouvent devant le monument pour honorer la mémoire des victimes, dont une grande majorité (femmes et enfants) fut envoyée dans le désert syrien vers des camps de concentration, mourant de faim et de chaleur. À travers les États-Unis, les descendants luttent encore aujourd'hui pour que le gouvernement turc reconnaisse aussi le caractère organisé des massacres d'hommes, le génocide étant reconnu par de nombreuses nations dans le monde.

Alors qu'il était plutôt confidentiel jusqu'alors, le mémorial est désormais largement indiqué par plusieurs panneaux situés au bord de l'autoroute 210, une initiative approuvée par le Sénat californien en 2017.

LE PONT DES SUICIDES DE COLORADO STREET

Une centaine de morts en un siècle

504 West Colorado Boulevard
Colorado Street s'appelle désormais Colorado Boulevard. Pour accéder au pont
à pied, prenez la sortie Orange Grove sur l'autoroute 134, dirigez-vous vers
le sud et tournez sur Green Street, puis Grand Street. Un petit parc ombragé,
situé dans une impasse, permet de se garer pour aller marcher sur le pont. Il est
impossible (et illégal) de s'arrêter en voiture sur le pont

Le Colorado Street Bridge, structure grandiose qui fut pendant quelques années un tronçon de la mythique Route 66, enjambe la rivière Arroyo Seco, entre la vieille ville de Pasadena et le quartier d'Eagle Rock. Avec ses 45 mètres de hauteur, ses arches Beaux-Arts et ses luminaires caractéristiques, l'imposant édifice de 1912 est classé au registre des Monuments Historiques.

Au fil des ans, il a pourtant acquis une drôle de réputation, poussant les autorités locales à l'habiller d'une haute barrière de sécurité, qui bloque en partie la vue mais surtout empêche en théorie les passants... de sauter.

En effet, si de nombreuses localités dans le monde possèdent un

tristement célèbre « pont des suicides » où, mystérieusement (ou pour être certains de ne pas rater sa sortie), nombre de locaux choisissent de se rendre pour mourir, celui de Colorado Street a connu un taux de suicide affolant, et ce depuis les années 1930. Une centaine de candidats à une mort certaine se sont élancés, le premier ayant lieu en 1919, puis une cinquantaine entre 1933 et 1937 (lors de la Grande Dépression), ou encore le drame de 2008, lorsqu'un homme ayant poignardé à mort son ex-femme et sa grand-mère a décidé de venir y mettre fin à sa propre vie.

Malgré la clôture, datant de 1993, le surnom est resté. Ont suivi, évidemment, les histoires de fantômes et d'esprits qui hanteraient les abords du pont en recréant leur saut dans le vide devant des passants ou des sans-abri effrayés.

Au-dessous, en effet, à l'ombre des énormes piliers de béton, le quartier aux maisons cossues dégage une impression de luxe tranquille mais aussi d'étrangeté. Passez-y en voiture, à la tombée du jour, après avoir arpenté le pont. Frissons garantis.

La ville de Pasadena prenant toutefois le sujet des suicides à répétition (parfois plusieurs en quelques mois) très au sérieux, elle a récemment fait installer une plaque à l'entrée du pont, sur laquelle est écrit « Il y a de l'espoir » (« *There is hope* »), suivi d'un numéro d'urgence spécialisé, pour aider les habitants ayant des idées noires.

EAGLE ROCK

Un rocher en forme d'aigle

5499 Eagle Rock View Drive

Eagle Rock, quartier de L.A. coincé entre Glendale et Pasadena, n'est pas seulement un dortoir tranquille où les familles aiment à élever leurs enfants (et où la lente gentrification, à la manière de son voisin Highland Park, fait son chemin). Ce n'est pas non plus seulement le berceau de la magnifique université Occidental College, perchée dans ses collines (où un certain Barack Obama passa deux ans). Si ce quartier du nord-est se nomme ainsi, c'est pour une raison très littérale : son majestueux rocher en forme d'aigle, que l'on aperçoit lorsqu'on emprunte l'autoroute 2.

L'animal, comme gravé dans la roche, prend son envol de différentes manières suivant la source de lumière. À certaines heures du jour, on pourrait presque deviner une tête entière de profil. D'autres fois, selon les ombres projetées, ce sont bien les ailes déployées que l'on aperçoit à flanc de rocher. Dès la fin du XIXᵉ siècle, on s'intéressa au volatile de granit, notamment quand Louis-Salvador de Habsbourg-Lorraine, prince autrichien, dessina pour la première fois la concrétion géologique connue par les colons espagnols sous le nom de *Piedra gorda* (« Grosse pierre »). « La Piedra gorda, surplombant le paysage, est un conglomérat granitique, avec sur un côté, des strates parallèles qui ont nettement défini des creux dans lesquels les hirondelles ont fait leur nid », écrivait-il dans l'un de ses cahiers d'exploration.

Ce n'est qu'en 1996 que la ville de Los Angeles acheta le rocher, devenu depuis un terrain de jeu pour les randonneurs et les grimpeurs. La boucle Eagle Rock Canyon Trail, ouverte en 2006, offre en effet une vue incroyable sur tout le bassin, y compris Catalina Island, Palos Verdes, Hollywood et Downtown, par temps clair. Et qui sait, depuis ce rocher de l'aigle, vous apercevrez peut-être le célèbre pygargue à tête blanche, plus connu sous le nom d' « aigle d'Amérique » (*bald eagle*, l'emblème des États-Unis), qui a refait tout récemment des apparitions remarquées en Californie du Sud, après avoir été en voie d'extinction pendant des années. Des dizaines de spécimens ont été aperçus sur le territoire urbain depuis 2017, au cours de leur migration depuis les États plus au nord vers les lacs de la région.

MUSÉE DE L'ART POPULAIRE FINLANDAIS

Une visite cachée dans la visite

Finnish Folk Art Museum – Pasadena Museum of History
470 West Walnut Street
(+1) 626-577-1660
pasadenahistory.org/tours/finnish-folk-art-museum
finlandiafoundation.org
Visite guidée du manoir du vendredi au dimanche à 12 h 15 (durée : 1 h 15)
Fermé les jours fériés et le jour suivant Thanksgiving
Le ticket payant inclut en priorité le manoir Fenyes et les expositions en cours :
il faut parfois demander aux guides pour pouvoir accéder au petit musée d'art
populaire attenant

Les apparences sont très souvent trompeuses à L.A. Après s'être garé au milieu des arbres devant la bucolique entrée du Musée d'histoire de Pasadena, on s'attend à ce que ledit Musée de l'art populaire finlandais

ressemble à une petite cabane en bois munie d'un sauna et de quelques artefacts témoins d'une immigration lointaine. Dès lors, quand la guide bénévole, Andrea Sossin Bergman, nous escorte vers ce qui s'apparente davantage à une réplique de la Maison Blanche ayant apparemment appartenu à une femme d'affaires new-yorkaise et un entomologiste hongrois qui s'étaient rencontrés en Égypte, on en perd son latin.

Tout s'explique : le ticket d'entrée donne d'abord accès au manoir Fenyes, demeure Beaux-Arts néoclassique devenue, en 1970, un musée dédié à la ville de Pasadena et à la vallée de San Gabriel. Construite en 1906 par Robert Farquar pour Eva Scott et son mari Adalbert Fenyes, la sublime demeure, sise sur ce que l'on nomme ici « l'Allée des millionnaires », contient d'antiques meubles venus du monde entier et des tableaux de toute beauté.

Et la Finlande dans tout ça ?

Leonora, dite « Babsie », petite-fille du couple et linguiste qui passa du temps parmi les peuples autochtones, épousa en 1946 Yrjo A. Paloheimo, un diplomate finlandais qui devint le premier consul du pays scandinave à officier en Californie du Sud. Après avoir servi de Consulat pendant seize années, le manoir redevint une maison presque normale dans laquelle le couple éleva ses quatre enfants adoptifs, eux aussi finlandais. Ce sont ces derniers qui firent don de la maison à la ville de Pasadena.

Entre-temps, en 1949, Monsieur le Consul, se languissant de son pays d'origine, avait pris soin d'acheter et faire venir à lui un chalet d'inspiration suisse, servant alors de garage à l'homme politique américain Arthur Flemming. Il y fit ajouter un sauna et le transforma en maison d'hôtes, s'occupant lui-même du jardin et tâchant de rassembler, lors de ses voyages, des objets pastoraux venus de la campagne de son pays natal.

Il créa également une fondation, la Finlandia Foundation, qui entretient encore à ce jour cette charmante et modeste habitation faisant office de musée, visitable dans la foulée. À quelques pas de la grandiose propriété principale, elle abrite de nombreux outils et ustensiles traditionnels finlandais, des tenues du quotidien et des tapis confectionnés par les paysans locaux. Au milieu du salon habillé de chaises sculptées à la main trônent une cheminée ouverte, appelée Takka, et des supports en métal où peuvent sécher pains et viandes.

Le contraste de cette tranche de vie populaire avec l'opulence du manoir attenant est tout à fait saisissant. À noter : la visite n'est pas incluse d'office, la plupart des visiteurs ayant fait le déplacement pour découvrir uniquement le manoir Fenyes. Il ne faut pas hésiter à manifester son intérêt pour le petit musée d'art populaire, et les guides se feront un plaisir d'y conduire le petit groupe.

THE GAMBLE HOUSE

Un « moment de beauté qui transcende la monotonie de la vie »

4 Westmoreland Place
gamblehouse.org
(+1) 626-793-3334
Mardi de 10 h 30 à 13 h, jeudi, vendredi et samedi de 11 h 40 à 15 h,
dimanche de 12 h à 15 h (fermé le lundi et le mercredi)
« Brown Bag Tuesdays » : le mardi, où l'on peut apporter son propre repas,
déjeuner sur la terrasse de la maison et suivre, à 12 h 30, une visite guidée de
20 minutes
Métro : Gold Line, arrêt Memorial Park

Attention, chef d'œuvre ! À Pasadena, la Gamble House est sans doute le plus beau témoignage de cette architecture au naturel qu'est le style Arts & Crafts, inspiré par les parcs nationaux américains et remède à l'industrialisation du début du XXe siècle et son métal omniprésent. Dans une version nettement plus inaccessible, bourgeoise et grandiose que le charmant petit quartier de Bungalow Heaven

construit dans le même style (voir page 184), ce trésor construit en bois est assurément immanquable.

« Moment de beauté qui transcende la monotonie de la vie », tel que la décrivent ses fans, ce bijou, situé sur une petite colline herbeuse le long de l'Arroyo Seco, fut conçu par les architectes locaux Charles et Henry Greene en 1908, pour le compte de David Gamble (héritier de l'empire des produits d'hygiène et de beauté Procter & Gamble). Murs, fenêtres et détails architecturaux sont enveloppés dans des représentations artisanales de feuilles, de branches, de fleurs et d'insectes chères à ce style aux influences également japonaises, comme on peut le remarquer dans les assemblages de poutres, les vitraux et les lanternes qui habillent la maison. L'impressionnante et originale cage d'escalier mérite à elle seule une visite.

La terrasse, ouverte à tous le mardi, est idéale pour un déjeuner au vert.

En 1966, lorsque Cecil Gamble eut vent du fait qu'un acheteur potentiel évoquait la possibilité de repeindre le teck et d'ajouter des touches de couleur blanche à l'édifice, il retira horrifié la maison de la vente sur-le-champ, avant d'en faire don à la ville de Pasadena et à l'école d'architecture d'USC (University of Southern California). Il a bien fait.

© Cullen328

LE BARRAGE
DE LA « PORTE DU DIABLE »

Un passage vers l'enfer, selon la légende

Devil's Gate
123 Oak Grove Drive, La Cañada Flintridge
Depuis Hahamongna Park (où l'on peut se garer), longer à pied l'autoroute vers le sud, avant d'emprunter les marches qui démarrent du pont. Une fois en bas, tourner à droite et suivre le petit ruisseau à travers les buissons, qui obstruent souvent l'accès. Vous y êtes. Le tunnel n'est plus accessible, mais le visage du diable, à l'entrée, est toujours visible

Nul besoin d'avoir une imagination débordante pour repérer, lorsqu'on se rend au pied de ce barrage abandonné coincé entre Pasadena et La Cañada Flintridge, le profil du diable. Les oreilles sculptées, le nez d'un faune, le menton prognathe, les yeux enfoncés et les cornes proéminentes, tout est là, au cœur de la roche. Mais cet endroit n'est pas uniquement le berceau d'un gros caillou anthropomorphique vaguement effrayant.

Construit dans les années 1920, le barrage qui le surplombe devint, quelques décennies plus tard, un lieu de rendez-vous pour de nombreux adeptes de sciences occultes. En tête, le plus connu d'entre tous à L.A., Ron Hubbard, fondateur controversé de la Scientologie, cette technique de développement personnel pseudo-scientifique (la « dianétique ») devenue un mouvement religieux dès 1953.

Depuis le tunnel qui passe sous la route (désormais bouché par une grille), Hubbard et ses disciples auraient organisé des séances de spiritisme, dans l'espoir de ramener à la vie une figure antéchristique... Des siècles auparavant, le peuple natif des Amérindiens Tongva attribuait déjà à l'écho de l'eau coulant dans cette gorge les pouvoirs de l'esprit du coyote.

Il ne fallut pas davantage d'histoires glaçantes pour que l'endroit revête à jamais un caractère hanté et maudit. Pour certaines personnes croyantes, Hubbard et les siens y auraient même ouvert les portes de l'enfer. La légende de cette « porte du diable » se renforça vers 1950, lorsque plusieurs enfants disparurent non loin du barrage... Il fallut attendre treize années pour que Mack Ray Edwards, un tueur en série cantonnier de son état qui sévissait alors dans la région, avoue les meurtres, révélant avoir en fait dissimulé les corps dans le béton de l'autoroute 210 adjacent.

Depuis, ce barrage à sec, son rocher diabolique et son inquiétant tunnel continuent de fasciner les amateurs de phénomènes paranormaux. Ron Hubbard est décédé en 1986, mais l'église-mère de la Scientologie, avec sa reconnaissable façade bleue, est toujours basée à Los Angeles.

FORÊT D'ARBRES ANCIENS DES JARDINS DESCANSO

⑰

Des végétaux déjà présents au temps des dinosaures

Descanso Gardens
1418 Descanso Drive, La Cañada Flintridge
(+1) 818-949-4200
descansogardens.org
Tous les jours de 9 h à 17 h

Cette balade dans la balade, au cœur de jardins parmi les plus beaux de la région, promet un voyage dans un lointain passé.

Le temps de bifurquer à gauche sur le chemin menant aux hauteurs de ce parc créé en 1957 par un cercle de passionnés, les fougères deviennent plus denses, la végétation plus humide et l'atmosphère plus pesante, à la fois paisible et hantée. Une collection de cycadales, ces plantes entre palmiers et conifères aux formes mystérieuses, se dressent comme elles se dressaient il y a 200 millions d'années lors de la période jurassique, sur ce lopin de terre alors foulé par les dinosaures, puis par les mammouths et les tigres à dents de sabre. Fougères arborescentes, ginkgos et séquoias complètent cette forêt d'arbres anciens, dévoilée en 2015 à la suite des dons de Katia et Frederick Elsea, des habitants de la Cañada Flintridge, localité située au pied des montagnes de la Angeles National Forest, où se trouvent les jardins.

Si de nombreuses personnes appellent régulièrement les gérants pour se débarrasser de leurs plantes encombrantes, ce n'est pas si souvent que de telles raretés, dont certaines n'existent plus à l'état sauvage, se retrouvent protégées sous un même toit bienveillant. Les cycadales, selon certains paléobotanistes, seraient apparues vers le Paléozoïque, plus exactement vers le Carbonifère, qui s'étend de - 354 à - 323 millions d'années. Grâce à une technique de mise en sommeil des embryons en cas de changement climatique majeur, les plantes, qui ne donnent pas de fleurs, ont la capacité « d'hiberner » pendant des millénaires, avant de se réveiller lorsque les conditions sont redevenues plus clémentes. Au beau milieu de ce laboratoire de végétaux anciens, on se sent humble et petit, admirant la force de caractère de ces battantes venues de plusieurs continents (Afrique, Asie, Amérique et Océanie), avant de continuer sa marche vers les coins plus traditionnels des Descanso Gardens, qui comprennent, entre autres, une roseraie, un jardin japonais, une collection de camélias, une forêt de chênes, des plantes endémiques de Californie et un jardin de fleurs comestibles.

L'OBSERVATOIRE DU MONT WILSON

Des télescopes de légende

Mount Wilson Road, Angelus National Forest
mtwilson.edu
(+1) 626-440-9016
Du lundi au vendredi de 10 h à 17 h, samedi et dimanche de 8 h 30 à 17 h
Café ouvert d'avril à novembre, le week-end de 10 h à 17 h (fermé pour Thanksgiving et Noël)
Visites guidées le samedi et dimanche à 13 h
Observations au télescope sur rendez-vous uniquement

Si l'observatoire Griffith fait partie des lieux immanquables à Los Angeles, sa frénésie touristique peut parfois dérouter. Nettement plus confidentiel, celui du Mont Wilson, au nord de Pasadena (1742 mètres d'altitude), offre une alternative idéale aux vrais amateurs de ciels étoilés. Situé à l'écart de la mégapole, il bénéficie de conditions atmosphériques beaucoup plus propices à l'observation astronomique. Pilier de la cosmologie moderne, sa légende le précède.

C'est notamment ici que fut découvert en 1929 le phénomène d'expansion de l'univers, dite « loi de Hubble-Lemaître », par l'astronome américain Edwin Hubble (postlude au modèle de la théorie du Big Bang). Fondé par George Ellery Hale en 1904, l'observatoire abrite aussi le télescope Hooker qui, avec ses 2,5 mètres de diamètre, demeura pendant de longues années le plus imposant du monde.

« Pendant la Première Guerre mondiale, Harlow Shapley y a mesuré pour la première fois la taille de la Voie lactée et a identifié la position de la Terre au cœur de celle-ci, loin du centre », peut-on lire sur le site Internet, qui regorge de passionnantes informations, tout comme le lieu lui-même, dont l'intérieur du dôme accueille régulièrement conférences, visites guidées thématiques et même concerts de musique classique. Non loin, de nombreux chemins de randonnée offrent des panoramas époustouflants sur les monts San Gabriel.

La meule de fromage français qui a effectué un voyage dans l'espace

SpaceX, Rocket Road, 90250 Hawthorne
(+1) 310-363-6000 ; spacex.com
Visites du site autorisées exclusivement aux personnes accompagnées d'un employé de l'entreprise SpaceX

En 2010, une meule de brouère, fromage de vache originaire des Vosges, a accédé au statut de légende après avoir secrètement effectué un vol en double orbite autour de la Terre lors d'un vol d'essai du cargo *Dragon*, de la firme américaine d'astronautique SpaceX. « Si vous aimez les Monty Python, vous aimerez notre secret », avait expliqué son PDG, Elon Musk, avant d'avouer s'être inspiré d'un sketch dans lequel John Cleese entre dans une fromagerie et demande à n'acheter que des produits aux noms improbables... avant de décider que ledit magasin ne vend finalement pas de fromage. Depuis, la meule (par ailleurs barrée d'une étiquette de vache portant des bottes de pluie, affiche du film de 1984 *Top Secret!*) est exposée dans les locaux de SpaceX. Seuls les employés sont autorisés à l'admirer tous les jours. Il faut donc fréquenter l'un d'eux pour pouvoir accéder aux bâtiments.

RANDONNÉE
« BRIDGE TO NOWHERE »

Un pont qui ne va nulle part

Camp Bonita Road
San Gabriel Mountains National Monument, Azusa
Accessible en permanence

L e *hike* étant un art de vivre à Los Angeles, pas étonnant que les locaux et touristes ne se contentent pas d'arpenter les parcs de la ville en long et en large le week-end.

Si beaucoup ont leurs habitudes sur les chemins de Griffith Park ou côtoient les stars en legging à Runyon Canyon, d'autres préféreront sortir des sentiers battus. Méconnue car plutôt difficile d'accès, populaire chez quelques Angelenos aguerris, la randonnée « Bridge To Nowhere » offre une option différente au nord-est de la ville. Sur près de 15 kilomètres aller-retour, avec 270 mètres de dénivelé, les marcheurs vont traverser divers paysages, passant de la forêt au canyon avant d'arriver au point culminant, le célèbre « pont de nulle part ».

Pour réaliser cette randonnée de près de 6 heures, il faudra s'armer de bonnes chaussures, d'une protection solaire, ainsi que d'un permis gratuit, à aller récupérer à la station East Fork Ranger ou à Heaton Flats Trail Canyon. Tout au long du parcours, les marcheurs sont amenés à traverser la rivière en testant leur équilibre sur des rondins ou en sautant d'un rocher à l'autre. Longeant ce cours d'eau, un sentier permet de faire des arrêts pique-nique ou baignade, selon le niveau de l'eau. Une autre alternative : un sentier plus bucolique sur les hauteurs, où ils pourront observer plantes grasses, yuccas et fleurs sauvages. Car tous les chemins – et ils sont multiples – mènent au Bridge to Nowhere.

Son nom est suffisamment explicite, le pont à arcs ne menant littéralement à rien. Construit en 1936, il faisait partie d'un projet destiné à relier Azusa, une ville du comté de Los Angeles, à Wrightwood, située à 1808 mètres, par les montagnes de San Gabriel. Mais en 1938, une inondation détruisit les routes les reliant, épargnant l'ouvrage. Faute de financement, elles n'ont jamais été reconstruites.

En fin de parcours, les randonneurs découvriront les vestiges de cette East Fork Road. Délesté du trafic, le pont est également devenu une destination prisée des amateurs de saut à l'élastique (uniquement le week-end), le pont étant l'unique spot de ce genre dans toute la Californie.

MONASTÈRE DE MOUNT BALDY

Le centre zen où Leonard Cohen est devenu moine bouddhiste

429 Mount Baldy road, Mount Baldy
(+1) 909-985-6410
mbzc.org

À l'extrême est du comté de Los Angeles, soit pile à la frontière avec celui de San Bernardino, les sapins de la Angeles National Forest abritent le Mount Baldy. Avant d'atteindre le *resort*, station de ski perchée sur ce mont chauve dénué d'arbres, on croisera toute une série d'incroyables randonnées, dont le fameux Bridge to Nowhere, un pont qui ne va nulle part (voir page 202).

Mais cette mystérieuse montagne sert également d'écrin au MBZC, le Mount Baldy Zen Center, un monastère où l'on peut pratiquer le bouddhisme *Rinzai*, l'une des trois écoles du bouddhisme zen. Acheté en 1971 par Kyozan Joshu Sasaki, un *roshi* (maître zen japonais) né en 1907, l'ensemble de petites cabanes en bois, un ancien camp scout, est devenu le temple principal de la région.

Maintenu à l'abri des regards pendant de longues années, il connut son heure de gloire lorsque, après plusieurs courts séjours, le chanteur et poète canadien Leonard Cohen le rejoignit en 1993 pour une longue retraite de six ans, au cours de laquelle il fut ordonné moine. « Quand on cesse de penser constamment à soi-même, un certain sentiment

© LinSu Hill de Whittier

de tranquillité nous submerge », déclarait-il alors, avouant avoir passé 30 ans de sa vie à étudier le bouddhisme zen avant de sauter le pas. Sous le nom de Jikan, l'artiste cuisinait, faisait le ménage... et méditait en silence. Se lever à 3 h du matin pour nettoyer les toilettes du centre ou dégager la neige s'accumulant devant les portes faisaient également partie du programme.

Sujet à une dépression chronique, il finit par quitter le centre en 1999, ne cessant jamais d'instiller une spiritualité juive inquiète, obsédée par la mort, dans ses albums. Quelques semaines avant son décès, en novembre 2016, il avait d'ailleurs expliqué au journal *The New Yorker* qu'il n'était pas, alors, en quête d'une nouvelle religion, mais plutôt d'« une forme de discipline, une manière de s'endurcir, une sorte d'enquête sur moi-même ».

Décrivant des hivers rigoureux au centre, il précisait : « Les gens pensent qu'un monastère est un endroit de sérénité et de contemplation, ce n'est pas vrai, c'est plutôt un hôpital, où les gens viennent apprendre à parler ou à marcher (...) et dans lequel se plaindre est la réponse la moins appropriée à toute souffrance ». Une leçon de vie qui l'accompagnera jusqu'à la fin.

De nos jours, les conditions ont quelque peu évolué, mais le centre zen n'est toujours pas un camp de vacances : on y respecte encore à la lettre les préceptes de la philosophie bouddhiste zen du *Rinzai* (et on s'y lève toujours à 3 h du matin lors des retraites).

Hors-saison, c'est-à-dire au printemps et en automne, le centre est disponible à la location pour des retraites, des conférences et des séminaires.

© LinSu Hill de Whittier

LES RESTES DE LA « COLONIE SOCIALISTE » DE LLANO DEL RIO COLLECTIVE

Une utopie communautaire dans un désert inhospitalier

Llano
(+1) 916-445-7000
ldrg.wordpress.com
Site accessible en permanence

Au nord de la Angeles National Forest, la route qui mène de Santa Clarita à Las Vegas laisse entrevoir, à une trentaine de kilomètres au sud-est de Palmdale, un alignement inattendu de cheminées en pierre qui, entourées de quelques murs brisés par les affres du temps, dessinent les contours d'un village.

On pense d'abord à un vieil hôtel abandonné, ou à une sorte de cité-fantôme de laquelle se seraient soudainement enfuis les derniers habitants, effrayés un beau matin par ce climat trop aride… De fait, cette terre désolée abrita pendant quelques années l'une des utopies les plus étonnantes (et brèves) du XXᵉ siècle.

Il faut imaginer, il y a plus de 100 ans, jusqu'à 1500 personnes vivant chichement, d'abord sous 200 tentes puis dans des baraquements construits avec les pierres extraites du lieu, autour d'un centre communautaire dont les âtres imposants sont les derniers vestiges. Sous l'impulsion de Job Harriman, plusieurs fois candidat socialiste malheureux à la gouvernance de la Californie et à la mairie de Los Angeles, des centaines de familles déménagèrent dès 1914 dans ce coin désertique (cependant pourvu d'un point d'eau à proximité), dans l'idée de fonder une société qui suivrait des préceptes de partage et d'entraide.

Chaque aspirant résident devait acquérir un bout de parcelle en échange d'un travail tourné vers la communauté. « Nous bâtirons une ville et des maisons pour de nombreuses familles sans abri », promettait Job Harriman. « Nous montrerons au monde qu'il est possible de vivre sans guerre, sans avidité, sans loyer et sans profit. »

Pendant un an, son rêve socialiste (ou communiste, c'est selon) survécut tant bien que mal, porté par un ami banquier conciliant et des touristes curieux. Mais les assemblées générales censées gérer ce collectif idéaliste prirent rapidement des airs de règlement de compte contre le « patriarche » omniscient : les fermiers voisins commencèrent à se plaindre de l'utilisation intensive de l'unique source d'eau et la presse locale ne voyait pas le projet d'un bon œil. Puis la dure vie et le confort spartiate firent le reste : dès 1915, la moitié des familles quittèrent ce « ranch » d'infortune, dépitées. Certaines intentèrent même des procès à Harriman.

L'autre moitié d'irréductibles parvint cependant à établir, jusqu'en 1917, une mini-société relativement équilibrée, sous la forme d'un village autonome. De l'épicerie à la laverie, de la fabrique de savons à la bibliothèque, de l'infirmerie à la menuiserie, en passant bien sûr par l'école (inspirée par la méthode de Maria Montessori), tous les corps de métier étaient représentés. L'écrivain Aldous Huxley, auteur du *Meilleur des mondes*, visita même la communauté en voisin et se fendit d'un article élogieux.

Mais cette seconde lune de miel fut elle aussi de courte durée. L'accès à l'or bleu étant le nerf de la guerre dans cette partie du globe, le refus des autorités californiennes de laisser construire un barrage pour retenir l'eau (et assurer ainsi de bonnes récoltes) fut le coup fatal porté à l'utopie de Job Harriman. Ce dernier finit par déménager en Louisiane, abandonnant les derniers habitants à leur triste sort… lesquels ne firent pas long feu non plus : au début de l'année 1918, tout le monde avait déserté.

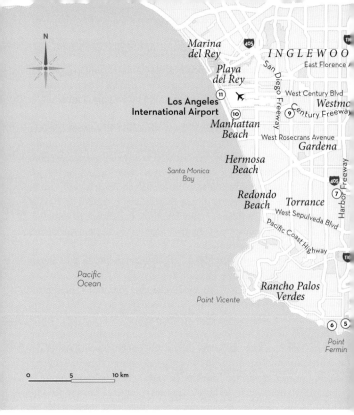

Los Angeles Sud

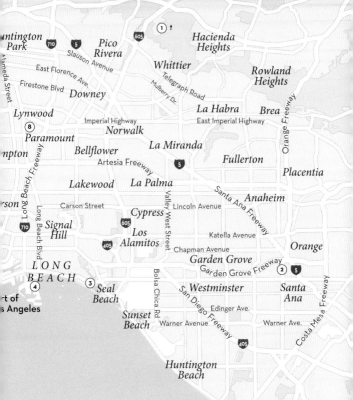

VINELAND DRIVE-IN THEATER ①

La nostalgie façon L.A.

443 N. Vineland Ave.
City of Industry
vinelanddriveintheater.com
(+1) 626-961-9262
feedback@vinelanddriveintheater.com
vinelanddriveintheater.com
7 j/7, ouverture des portes à 19 h, début du spectacle à la tombée de la nuit

Grande zone industrielle et commerciale faisant office de nœud urbain, City of Industry est une zone sans charme qui abrite néanmoins le *Vineland Theater*, l'un des rares cinémas drive-in restants dans le sud de la Californie.

En activité depuis le 15 avril 1955, il transcende les époques et les modes du septième art. Le directeur Juan Gonzales tient bon avec son équipe et est parvenu à conserver les quatre écrans de ce vaste complexe. Bien des choses ont changé avec le temps, évidemment, mais l'expérience reste essentiellement la même qu'il y a 60 ans, quand le drive-in a ouvert ses portes pour sa première séance. Les haut-parleurs qui beuglaient sur les véhicules ont heureusement disparu : désormais, la bande-son est diffusée par radio (sur le canal 107.7 FM), mettant n'importe quel autoradio au service de l'expérience cinématographique, plaisir à la fois personnel et collectif.

Los Angeles est nimbée d'une certaine nostalgie qui prend parfois la forme d'un amour pour les grosses voitures chromées, les mini-burgers en drive-in et les milkshakes à la fraise. À une époque où la culture de l'automobile toute-puissante à L.A. est en perte de vitesse, il reste à déterminer si cet amour va dans le bon sens. La voiture a pourtant toujours été au cœur de nombreuses traditions en ville. Le cinéma en plein air y est d'ailleurs l'un des rares lieux d'interactions, où le film passe après l'expérience humaine.

Quand l'industrie du cinéma a annoncé l'abandon des séances en 35 mm au profit du numérique, la nouvelle est tombée comme un couperet pour bon nombre des cinémas en plein air du pays. Avec un coût de 80 000 $ par écran numérique, la messe semblait dite pour le *Vineland Theater*. Heureusement, ses finances ont tenu bon. L'établissement s'est modernisé en juin 2013, et pour l'une des premières fois de son histoire, le *Vineland* a joué à quatre guichets fermés. La tradition qui consiste à se laisser ensorceler par la magie du septième art, sous les étoiles, tout en restant dans sa voiture, se perpétue pour 9 dollars par personne. Avant de vous consacrer à ce rituel au charme presque désuet, invitez votre famille ou vos amis à se blottir avec vous sous un plaid, munis de pop-corn. Bon plan : le samedi soir, c'est deux films pour le prix d'un.

L'ORGUE HAZEL WRIGHT DE LA « CATHÉDRALE DE CRISTAL »

Un instrument unique dans un incroyable écrin

Christ Cathedral
13280 Chapman Avenue, Garden Grove
(+1) 714-971-2141
christcathedralcalifornia.org
Samedi à partir de 15 h 30 et dimanche toute la journée

Techniquement, cette étonnante « méga-cathédrale » et son sublime orgue ne se trouvent pas à Los Angeles, ni même dans le comté du même nom, mais dans celui d'Orange, plus au sud, à Garden Grove.

À l'origine une *megachurch* appartenant à Robert Schuller, télévangéliste très populaire dans les années 1980, la Crystal Cathedral fut rachetée en 2011 par l'Église catholique romaine, qui l'a rénovée et rouverte en juillet 2019 sous le nom de « Cathédrale du Christ ». Une croix en métal de 500 kilos, un autel en marbre de Carrare et des panneaux reflétant la lumière en font désormais un édifice aussi brillant à l'intérieur qu'à l'extérieur. Tous les samedis et dimanches, les messes y sont célébrées en anglais, espagnol, vietnamien et chinois.

La rénovation eut le bon goût de ne pas se parer d'un orgue trop moderne : au cœur de la cathédrale, déjà exceptionnelle, c'est bien l'orgue Hazel Wright, l'un des plus imposants du monde, qui demeure le clou du spectacle. Dessiné et installé ici en 1977 par Fratelli Ruffatti, il est composé de 16 000 tuyaux, sur 270 rangs, le tout contrôlé par la plus grande console jamais fabriquée.

Lors du relooking de la cathédrale, il fut même envoyé en Italie pour des réparations, avant de revenir quatre ans plus tard sonner de nouveau dans sa maison définitive, où l'on mit plus d'un an à le réassembler. « Les tuyaux étaient infestés de termites et d'insectes » racontait récemment à la presse John Romeri, l'organiste du diocèse. « Les magnifiques trompettes étaient rongées. Certains tuyaux avaient fondu ou s'étaient effondrés à cause de la chaleur ». Désormais dans un espace antisismique climatisé où l'on contrôle également le taux d'humidité, l'orgue est à l'abri.

C'est Arvella Schuller, la femme du super-pasteur médiatique, qui avait à l'époque insisté pour faire installer dans l'église un instrument spectaculaire, que l'on pourrait apercevoir lors des retransmissions télévisées hebdomadaires. L'organiste Virgil Fox et Fratelli Ruffatti avaient alors greffé un orgue venu de New York à un autre instrument, tout aussi imposant, sis dans l'église locale de Garden Grove.

À l'époque, ce métissage fut rendu possible par un don de 2 millions de dollars de Hazel Wright, bienfaitrice originaire de Chicago et fan de *Hour of Power*, le show d'une heure diffusé chaque semaine en direct de la Crystal Cathedral. L'orgue porte son nom depuis. Avec une rénovation d'un coût total de 58 millions de dollars, l'Église catholique a su assurer la pérennité d'un édifice et d'un instrument de musique uniques en leur genre.

CANAL CIRCULAIRE
DE RIVO ALTO

Chic californien et influence italienne

Naples Island, Long Beach
californiabeaches.com/naples-california

Les canaux de Venice, juste derrière la fameuse plage du même nom, font désormais partie des destinations favorites des touristes, qui les ont parfois découverts par hasard en délaissant le front de mer agité pour se diriger vers le très *trendy* Abbot Kinney Boulevard (du nom du promoteur immobilier de cette partie de la côte)... mais 55 kilomètres plus au sud, en longeant l'océan vers le port de Long Beach, il existe un joyau davantage préservé, qui gagnerait sans doute le concours de la carte postale la plus parfaite pour illustrer la vie en Californie du Sud.

Situé sur l'île-enclave de Naples, à l'est de la déjà charmante Belmont Shore, le Rivo Alto, canal circulaire, abrite le parc et les résidences les plus chics de la région, ceints d'une mini-plage incroyablement paisible, non contente d'être photogénique et sans ostentation.

Les maisons aux architectures variées, tout comme les noms à consonnance italienne, s'égrènent au fur et à mesure d'une balade où tout n'est que « luxe, calme et volupté » (accompagné d'un solide compte en banque pour pouvoir habiter cette île).

Tout à l'est, depuis le Naples Plaza Park, la vue sur la péninsule et la marina est imprenable. Au-delà, l'estuaire séparant Long Beach et Seal Beach marque également la frontière entre le comté de Los Angeles et celui d'Orange.

Construit dès 1903 sur un marécage près de la baie artificielle d'Alamitos Bay, à l'embouchure de la rivière San Gabriel, ce rêve de promoteur fut terminé en 1920, avant d'être détruit par le tremblement de terre de 1933, puis reconstruit. Évidemment, tout à son fantasme de reproduire (aujourd'hui encore) une petite Venise californienne aux contours parfaits, une unique entreprise propose balades et dîners en gondoles comme en Italie, tee-shirts à rayures et canotiers inclus, mais ces dernières sont suffisamment rares pour ne pas perturber votre découverte à pied de ce superbe voisinage où peu de touristes viennent se perdre.

De plus, à la différence des canaux de Venise, on peut ici pratiquer kayak ou paddle, voire même s'y baigner. Un bijou de sérénité.

LES BISONS EN LIBERTÉ DE CATALINA ISLAND

Un troupeau de figurants

(+1) 310-510-1445
catalinaconservancy.org
Accessible toute l'année
Un ferry, le Catalina Express, fait la navette une fois toutes les 2 heures depuis Long Beach, deux fois par jour depuis Dana Point (cinq fois par jour durant l'été), et trois fois par jour depuis San Pedro (une fois par heure durant l'été)
$74 l'A/R pour les adultes, $58 pour les enfants de moins de 11 ans
Conseil : prévoyez de passer une nuit sur place, dans l'un des hôtels d'Avalon

Le destin des 150 bisons paissant tranquillement au centre de (Santa) Catalina Island a tout d'un scénario comme seule la folle industrie locale du cinéma sait en produire.

Mélange de race sauvage et de vaches domestiques, ils ont été apportés par Hollywood en 1924 pour faire... de la figuration. En effet, les seules espèces endémiques de cette île située à 35 kilomètres à l'ouest de San Pedro sont des souris, des écureuils, des renards, des oiseaux et quelques invertébrés. C'est donc pour un tournage, celui de *The Vanishing American*, un western pro-Amérindien de George B. Seitz (qui eut son remake dans les années 1950, intitulé *Courage Indien*, avec Scott Brady), que les mammifères ont été « importés ». L'ironie du sort est que les rushes ont été coupés au montage et qu'on ne voit pas la queue d'un bison dans ledit film.

Si presque 100 ans plus tard, ils vivent désormais libres sur l'île, les bisons sont tout de même considérés comme domestiques, et sont surtout devenus l'un des attraits principaux, voire la vitrine de Catalina. L'agence de protection de l'île, la Catalina Island Conservancy, s'occupe en effet des troupeaux depuis 1972, régule sa population et communique sur le bien-être et l'importance de la présence de ces animaux, offrant des éco-tours responsables aux touristes qui s'aventurent sur les rivages de l'île (les voitures individuelles y étant interdites). Le secret est bien gardé, puisque ces terres sauvages étroitement surveillées accueillent un nombre relativement limité de visiteurs chaque année.

Cent cinquante bisons : si le nombre est si précis, c'est qu'il correspond au nombre de têtes que l'île peut sereinement abriter, sans nuire au reste de sa faune et de sa flore. Le programme de contraception ayant repris en 2009, les naissances sont désormais régulées. Si vous êtes chanceux, vous apercevrez un nouveau-né gambader auprès de sa mère, lors d'une balade inoubliable et loin, très loin, du brouhaha de la ville-monde.

VESTIGES DE LA BATAILLE DE LOS ANGELES

Une offensive hasardeuse pendant la Seconde Guerre mondiale

Parc Angels Gate
3601 S. Gaffey Street, San Pedro
Du lever au coucher du soleil

Un curieux spectacle attend l'explorateur urbain qui s'aventurerait au bord des falaises du parc Angels Gate et jetterait un œil en contrebas : des marches de béton mènent à une profonde structure semi-circulaire qui n'est pas sans évoquer un amphithéâtre. Il s'agit des vestiges de la batterie d'Osgood-Farley, construite de 1916 à 1919 pour défendre le port de Los Angeles et le Fort MacArthur. Ses puissants canons escamotables de 35 centimètres étaient capables de tirer un projectile de 700 kilos sur plus de 22 kilomètres dans le canal de Catalina, mais leurs salves, ayant tendance à faire trembler, voire voler en éclats les fenêtres des maisons alentour, s'avérèrent rapidement plus gênantes qu'autre chose. À l'aube de la Seconde Guerre mondiale, leur obsolescence était déjà marquée.

Malgré l'inefficacité des gros canons, Angels Gate restait si stratégique que son artillerie fut renforcée pendant la Seconde Guerre mondiale. De petits canons anti-aériens furent installés pour couvrir des sites majeurs le long des côtes. Loin des champs de bataille, ils restèrent muets pendant la majeure partie du conflit, à une exception près : dans la nuit du 24 février 1942, les canons tonnèrent de toutes leurs forces. Pendant ce qui fut surnommé « la bataille de Los Angeles », plus de 1400 obus anti-aériens de 5,5 kilos furent tirés contre des objets non identifiés dans le ciel.

Des obus tirés d'un sous-marin contre une raffinerie de Santa Barbara venaient de mettre la côte ouest en émoi. Des lumières brillantes observées dans le ciel le long des côtes poussèrent à décréter un couvre-feu. Les radars de la DCA détectèrent des objets volants et, vers 3 h du matin, les canons ouvrirent le feu dans un rugissement entendu tout autour de Los Angeles. Même si des témoins rapporteront avoir vu des avions, aucune bombe n'aura été larguée sur la ville, et aucun avion ne sera abattu. Quel était l'ennemi ? Le mystère demeure entier quant aux engins aperçus dans le ciel, même si des documents réunis a posteriori par des témoins plus fiables désignent un coupable plus plausible : des ballons-sondes, utilisés par les équipes radar de Santa Monica pour tester leur équipement neuf, auraient dérivé. La nervosité ambiante fit le reste.

La réaction hors de proportion de cette nuit de 1942 a fait l'objet de toutes les critiques, railleries et parodies possibles, notamment dans *1941*, célèbre comédie loufoque de Steven Spielberg. Aussi risibles qu'elles puissent sembler aujourd'hui, la peur et la paranoïa étaient bien réelles à Los Angeles pendant la Seconde Guerre mondiale. Dans le sud, de vieilles vitres peintes en noir et quelques fortifications en béton sur les côtes en témoignent encore. Rares sont les endroits à en dire aussi long sur le degré de préparation de Los Angeles à la guerre que le parc Angels Gate et le musée voisin du Fort MacArthur.

CITÉ ENGLOUTIE
DE SAN PEDRO

Un quartier avalé par l'océan

500 West Paseo Del Mar, San Pedro

L'immense baie de Santa Monica englobe la majeure partie de la façade Pacifique du comté de Los Angeles, qui court de Malibu à Long Beach.

À sa pointe sud, Point Vicente et Point Firmin (où se trouve un joli phare) abritent Palos Verdes et San Pedro, peut-être les plus charmants et authentiques coins de Californie de cette ville tentaculaire où le rythme exténue parfois visiteurs et locaux, surtout lorsqu'ils sont coincés dans les embouteillages. Ici, à San Pedro, malgré la proximité de l'un des plus grands ports du pays, on vit plus lentement.

Après une visite du phare et de la Korean Friendship Bell, il faut absolument se diriger vers un site qui, s'il fut le témoin d'un glissement de terrain en 1929, emportant maisons et chaussée, n'en est pas moins devenu un pèlerinage pour ados romantiques, amateurs de belles photographies au coucher du soleil, graffeurs titillés par les défis, et, de plus en plus, touristes amateurs d'exploration urbaine (urbex).

La « Sunken City » est son nom officieux : la cité engloutie. Soit un bout de ville rattrapé par le tumulte sévère de l'océan, dont les bungalows et autres maisons à flanc de falaise ainsi qu'une partie du parc, construits dans les années 1920, auraient disparu au lent rythme de 30 centimètres par jour si on ne les avait pas déplacés sagement... 4 000 m^2 renvoyés à la mer.

Il ne reste que quelques murs couchés – deux habitations n'ayant pas été sauvées à temps –, des toitures, des bouts de trottoir, des restes de rails et des palmiers rebelles que l'on peut admirer depuis la route, après que les autorités locales ont érigé une barrière pour éviter les accidents. Bien entendu, les curieux l'enjambent, risquant une amende de 1 000 dollars pour aller jouer avec le vide et admirer le paysage de plus près.

Les pétitions pour rouvrir entièrement son accès, au moins durant la journée quitte à ce que la police patrouille le soir, se succèdent, notamment depuis que cette « cité engloutie », techniquement toujours sur un parc public, est apparue à plusieurs reprises dans des publicités, des films, des émissions de télévision ou des vidéos de skateurs. Cependant, des fêtes tardives et des agressions avaient poussé la mairie à limiter l'accès après les plaintes d'habitants, en attendant de trouver une solution durable.

Aujourd'hui, étant donné le faible pouvoir de dissuasion de ladite barrière, on réfléchit à un compromis. « Nous travaillons, avec le Bureau des parcs et loisirs, des ingénieurs et d'autres services de la ville », déclarait récemment un conseiller municipal, « à créer et adopter un plan qui viserait à nettoyer des portions de la Cité engloutie, pour la rendre plus sûre et qu'elle redevienne une extension légale de Point Fermin Park ».

LE VILLAGE BAVAROIS DE TORRANCE

Un morceau d'Allemagne en Californie du Sud

Alpine Village
833 West Torrance Boulevard, Torrance
(+1) 310-327-4384
alpinevillagecenter.com
Du lundi au jeudi de 10 h à 19 h et du vendredi au dimanche de 9 h à 19 h

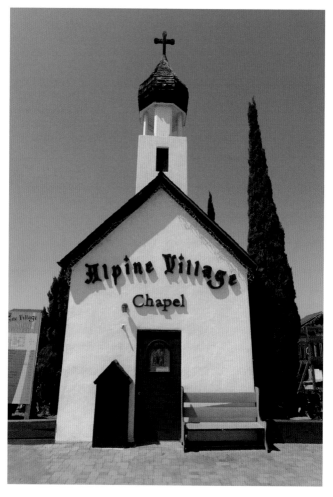

Little Persia, Koreatown, Little Tokyo, Historic Filipinotown, Little Armenia... Dans un comté aussi bigarré que celui de Los Angeles, où la diaspora de chaque pays a patiemment importé sa culture dans des quartiers bien définis, les marchés proposant des spécialités venues de communautés du monde entier ne sont pas surprenants. Cependant, hormis à Chinatown et Little Tokyo, le mal du pays ne va pas jusqu'à reproduire les prouesses architecturales et paysagères desdites contrées d'origine.

Si quelques figures allemandes ont investi Brentwood et Pacific Palisades après l'arrivée d'Adolf Hitler au pouvoir en 1933 (Thomas Mann, Bertolt Brecht, Fritz Lang...), il n'existe pas, à proprement parler, de quartier allemand à L.A. Et pourtant...

Depuis 1968, un drôle de lieu se charge en effet d'inspirer aux germanophones et germanophiles leur dose de nostalgie. Et pas seulement lors de l'Oktoberfest, la désormais mondialement connue Fête de la bière célébrée le premier samedi suivant le 15 septembre, autant à Munich qu'ailleurs. Des inimitables saucisses jusqu'aux pâtisseries « locales », en passant par des bijoux et des souvenirs, le marché *Alpine Village* est fourni en produits européens autrement introuvables.

Évidemment, ce n'est pas le shopping qui nous intéresse ici, mais ce concentré de culture du sud de l'Allemagne qui comprend d'amusants exemples d'architecture alpine, contrastant violemment avec l'aspect *strip mall* sans charme des alentours, tout près de l'autoroute 110.

Alpine Village, ouvert tous les jours de l'année, reproduit en réalité un authentique village bavarois avec église, balcons et cours typiques au cœur duquel de petites échoppes offrent aux curieux un ensemble de produits importés. Récemment menacé de démolition par un développeur après quelques années en berne (restaurant définitivement fermé en avril 2020, Oktoberfest 2019 plus restreint, clientèle réduite et vieillissante), le village doit très bientôt être classé Monument Historique par le comté de Los Angeles.

CIMETIÈRE DU ANGELES ABBEY MEMORIAL PARK ⑧

Une réplique du dôme du Taj Mahal

1515 East Compton Boulevard, Compton
(+1) 310-631-1141
Tous les jours de 8 h à 16 h 30

*L*es *Incorruptibles, Alias, Constantine, JAG...* Dans les années 1990 et 2000, de nombreux films et séries hollywoodiens ont utilisé le cimetière de Compton comme décor. Toutefois, les scènes où il apparaît ne représentaient pas la vie de ce quartier déshérité du sud de Los Angeles, mais des ersatz de rues de Casablanca, du Caire, de Calcutta ou de quelque lieu indéfini prétendument situé au Moyen-Orient, voire éventuellement en Asie.

Et pour cause : avec sa réplique du dôme du Taj Mahal, commandée par l'armateur George Craig en 1923 (qui envoya deux de ses employés en Inde en quête d'inspiration), le cimetière du Angeles Abbey Memorial Park ne ressemble en rien à une traditionnelle nécropole américaine. Ses quatre mausolées mélangent des influences byzantines, maures et espagnoles au style moghol des cryptes et du dôme, représentatifs du fameux palais d'Agra, qui combinent des éléments architecturaux ottomans, iraniens et indiens. À l'intérieur, l'influence islamique est encore plus évidente avec ses voûtes carrelées.

Paradoxalement, une chapelle équipée d'un vieil orgue décrépi se trouve dans l'un des mausolées réalisés en marbre blanc. Ses vitraux seraient eux-mêmes une reproduction de *L'Angelus*, émouvant tableau de Jean-François Millet visible au musée d'Orsay, à Paris. Un ensemble aussi hétérogène peut aisément figurer n'importe quel pays du monde.

Comme le rappelle David Reid dans son très personnel ouvrage *Sex, Death and God in L.A.*, « il n'est pas si vieux, le temps où trouver une parcelle où enterrer un corps noir posait problème à Los Angeles. Dans certains quartiers, des lois empêchaient ces enterrements [dans les cimetières réservés aux Blancs, ndla] jusqu'en 1966. Les familles afro-américaines endeuillées chargeaient alors les cercueils dans des tramways et devaient se déplacer jusqu'au cimetière Evergreen, dans l'est de la ville ».

Peu après l'inauguration du cimetière, en 1923, le lopin de terre qu'était Compton se résumait à un bout de campagne où les familles blanches avaient migré, à l'écart de la bouillonnante L.A. et du port de Long Beach. Mais la ville connut une histoire difficile lorsque paupérisation, avènement des gangs et corruption changèrent petit à petit la cité, devenue îlot de la classe moyenne noire (dans les années 1960 et 1970), en ghetto à la réputation sulfureuse et à la criminalité galopante, l'une des plus élevées des États-Unis. Le climax de cette histoire tragique : les émeutes de 1992 qui, si elles n'y ont pas débuté, s'y sont propagées avec une réelle facilité.

Depuis trois générations, la famille Sanders, avec désormais à sa tête Jean, gère l'un des plus grands cimetières historiquement noirs du pays, dans une ville à présent en majorité latino. Et Compton, plus apaisée que par le passé, continue de changer lentement de visage. Le « faux Taj Mahal », lui, est toujours là.

PLAQUE DE LA MAISON D'ENFANCE DES BEACH BOYS

Pour sentir des « Good Vibrations »

Beach Boys Historic Landmark
3701 West 119ᵉ rue, Hawthorne

Au sud-est de l'aéroport LAX, coincée entre autoroutes 405 et 105, la ville de Hawthorne, de l'écrivain du même nom (Nathaniel de son prénom) remplit à merveille sa fonction de ventre mou résidentiel du comté de Los Angeles, arborant même sur son blason le slogan « *City of good neighbors* » (« La ville des voisins sympas »).

C'est ici, tout près de l'actuel *Century freeway*, petit nom de l'*Interstate 105*, qu'a grandi une fratrie de musiciens qui, en plus de révolutionner l'histoire de la musique, ont intrinsèquement lié leur ascension à celle de l'État de Californie via la *surf music*, très en vogue au début des années 1960 : les Beach Boys.

Brian, Carl et Dennis Wilson vivaient ensemble avec leurs parents dans un pavillon situé dans un lotissement, détruit depuis, à l'endroit où une stèle les célèbre désormais, relativement loin des plages qui les ont fait connaître. Accompagnés de Mike Love, leur cousin, et d'Al Jardine, un ami, les blonds trublions ont composé sur ce site leurs premiers singles, dont *Surfin'*, à l'époque où leurs albums regorgeaient d'hymnes à la douceur de vivre et aux filles couchées sur le sable, plusieurs années avant que Brian Wilson cisèle une pop beaucoup plus complexe et éblouissante.

C'est en 2004 que le monument (une reproduction de la couverture de l'album *Surfer Girl* de 1963 fait de briques rouges et de carrelage blanc) fut érigé, plusieurs décennies après que les bulldozers eurent façonné l'autoroute. Il fallut en effet que la California State Historic Resources Commission fasse passer un vote, aidée du Rock and Roll Hall of Fame, pour faire du petit emplacement un site historique dédié au génie d'un groupe unique.

Le jour de l'inauguration de la stèle, Brian Wilson et Al Jardine avaient même fait le déplacement pour interpréter deux morceaux devant 800 fans en pamoison.

L'endroit, modeste, est situé au cœur d'une zone résidentielle où vivent des centaines de familles, et il y a peu de places de parking disponibles : il est recommandé d'être discret et rapide lors de son passage sur les lieux.

L'ORGUE DU OLD TOWN MUSIC HALL

Un orgue centenaire accompagnant de vieux films muets

140 Richmond Street, El Segundo
(+1) 310-322-2592
oldtownmusichall.org
Ouvert lors des représentations, généralement vendredi et samedi autour
de 20 h, et samedi et dimanche vers 14 h 30
Programme complet disponible sur le site Internet
Tickets en vente sur place uniquement

Un authentique voyage dans le temps s'opère dès que l'on pousse les portes du *Old Town Music Hall*, situé au cœur du centre-ville d'El Segundo, municipalité collée à l'aéroport LAX. Ce charmant quartier cache bien son jeu sous ses airs tranquilles. Derrière la façade verte rappelant un saloon modernisé se trouve en effet un vestibule suranné débouchant sur un petit théâtre tout drapé de rouge et orné d'immenses chandeliers, comme dans un western.

Depuis 1968, cette salle de cinéma unique ne projette pas que des vieux classiques muets ou sonores : elle accueille également des concerts de jazz et de ragtime, à la faveur d'un gigantesque orgue de 2600 tuyaux surnommé le *Mighty Wurlitzer*, le plus imposant jamais construit par la Rudolph Wurlitzer Company, une entreprise de Cincinnati qui le fabriqua en 1925.

Le théâtre propose notamment des cycles Laurel et Hardy, un festival de classiques de l'horreur (autour de la période d'Halloween), des conférences invitant des spécialistes de vieux films d'animation ou encore des rétrospectives de Fred Astaire ou des Trois Stooges, l'ensemble étant habituellement accompagné en direct par un organiste.

Quand les films ne sont pas muets, quelques morceaux sont toutefois joués avant chaque représentation. En décembre, un karaoké géant reprenant les chants de Noël les plus emblématiques de la culture américaine est organisé autour du Wurlitzer. Difficile de faire plus typique et original.

L'équipe de passionnés qui gèrent via une association à but non lucratif le *Old Town Music Hall* concocte aussi parfois de délicieux macarons à la noix de coco, vendus en caisse à la place du sempiternel pop-corn. Histoire de déguster jusqu'au bout cette parenthèse hors du temps.

LA VILLE ABANDONNÉE DE SURFRIDGE

Vestiges d'une ville fantôme

Entre Vista del Mar et Pershing Drive
Aéroport LAX

Les usagers de l'aéroport international LAX auront remarqué les vestiges d'un lotissement abandonné de longue date qui borde les pistes de décollage au nord-ouest. Il s'agit de feu Surfridge, quartier fantôme depuis une quarantaine d'années. Seuls des ruines en béton et quelques panneaux et lampadaires témoignent encore de la vie qui y régnait. On raconte que, jusqu'à peu, les réverbères s'allumaient toujours.

L'essor de l'aviation commerciale après 1945 et l'expansion de LAX dans les quartiers environnants expliquent l'abandon de Surfridge. Trois nouvelles pistes placèrent en effet les maisons directement sous les couloirs aériens et la Ville de Los Angeles fit valoir son droit d'expropriation pour acheter le lotissement en vue de nouveaux agrandissements. De 1965 à 1979, 800 maisons furent ainsi démolies et 2000 habitants déplacés.

Le legs de Surfridge reste mitigé. Avec ses vues dégagées, il accueillait les plus riches de la ville, comme le réalisateur Cecil B. DeMille. Pour certains, c'était un paradis, un symbole de tous les idéaux romantiques

du rêve californien : maisons de style colonial en stuc, palmiers qui se balancent dans la brise iodée, à deux pas de la plage.

Mais pour d'autres, ce quartier camouflait le passé ségrégationniste de la ville : à sa construction dans les années 1920, Surfridge était réservée aux blancs. L'acte de vente du lotissement stipulait des restrictions pour les personnes qui « ne sont pas entièrement de la race caucasienne, à l'exception des employés des propriétaires résidents ». Les maisons n'étaient pas épargnées par des codes stricts : bois interdit, façades en stuc exclusivement. Cet « idéal » de la vie à la californienne était surtout le fait des règlements.

Différents projets de rénovation ont été proposés par la mairie et l'aéroport dans les années 1980, mais tous se sont heurtés à la Commission du Littoral de Californie. Le hasard a voulu que Surfridge soit un habitat du papillon bleu El Segundo menacé. Depuis cette découverte, la réserve de papillons créée par la Ville à Surfridge a permis à l'espèce de récupérer et de passer de 500 à 125 000 individus. C'est aussi grâce à la Commission du Littoral que 20 hectares ont pu retourner à leur état naturel.

Malgré le vacarme intermittent des avions, les humains cherchent encore à occuper Surfridge, devenu le refuge inattendu de groupes informels de camping-caristes qui stationnent le long des rues jadis chic. La démolition de trottoirs et de rues il y a peu, ainsi que le retour progressif de la sauge, du coquelicot et d'herbes des dunes font de Surfridge le symbole de quelque chose de rare à Los Angeles : la défaite de l'immobilier.

NOTES

Thomas Jonglez

C'est en septembre 1995, à Peshawar, au Pakistan, à 20 kilomètres des zones tribales qu'il visitera quelques jours plus tard, que Thomas a l'idée de mettre sur le papier les coins secrets qu'il connaît à Paris. Lors de ce voyage de sept mois de Pékin à Paris, il traverse entre autres le Tibet (dans lequel il rentre en fraude, caché sous des couvertures dans un bus de nuit), l'Iran et le Kurdistan, mais sans jamais prendre l'avion : en bateau, en stop, à vélo, à cheval, à pied, en train ou en bus, il rejoint Paris juste à temps pour fêter Noël en famille.

À son retour dans sa ville natale, il passe deux ans fantastiques à se promener dans quasiment toutes les rues de Paris pour écrire, avec un ami, son premier guide sur les secrets de Paris. Il passe ensuite sept ans dans la sidérurgie avant d'être rappelé par la passion de la découverte. Il crée sa maison d'édition en 2005 et part habiter à Venise en 2006.

En 2013, en quête de nouvelles aventures, il part en famille, pendant six mois, de Venise au Brésil en passant par la Corée du Nord, la Micronésie, les Îles Salomon, l'Île de Pâques, le Pérou et la Bolivie. Après sept ans passés à Rio de Janeiro, il vit désormais à Berlin avec sa femme et ses trois enfants.

Les Éditions Jonglez publient des livres en neuf langues dans 40 pays.

REMERCIEMENTS

Les auteurs tiennent à remercier tous les Angelenos (qu'ils soient des amis, des connaissances ou de brèves et précieuses rencontres) qui les ont aidés à confectionner ce guide avec leurs excellents conseils. Un merci particulièrement chaleureux à Sandra Cazenave pour son soutien.

CRÉDITS

Tous les textes et photos sont de Félicien Cassan et Darrow Carson, sauf mention contraire, ainsi que :

Textes :
Zac Pennington : Le Triforium, Music Box Steps, Museum of Jurrassic Technology
Sandra Cazenave : Promenade sur la Los Angeles River, La grange de Walt Disney, Randonnée « Bridge to Nowhere »
Albert Lopez : Vineland Drive-In Theater et Vestiges de la Bataille de Los Angeles
Michelle Young : Ville abandonnée de Surfridge

Photos :
Zac Pennington : Le Triforium, Music Box Steps, Museum of Jurrassic Technology (photo de gauche)
Mike Hume : Détails oubliés de la façade du Million Dollar Theatre, Secrets des cheveux du mémorial Jackie et Mack Robinson, Vestiges de la Bataille de Los Angeles.
James Bartlett : Celluloid Monument
Sandra Cazenave : Promenade sur la Los Angeles River, La grange de Walt Disney, Randonnée « Bridge to Nowhere »
Catalina Island Conservancy : Bisons en liberté de Catalina Island
Michelle Young : Ville abandonnée de Surfridge

Cartographie : Cyrille Suss - **Maquette :** Emmanuelle Willard Toulemonde - **Traduction :** Audrey Favre - **Lecture-correction :** Bénédicte Dazy et Clémence Mathé - **Édition :** Clémence Mathé

© JONGLEZ 2022

Dépôt légal : Janvier 2022 - Édition : 01

ISBN : 978-2-36195-350-8

Imprimé en Bulgarie par Dedrax